Dieter Katte

zur Quelle kommen

Dieter Katte

zur Quelle kommen

von der Kraft des Wortes

Fromm Verlag

Imprint

Publisher:
Fromm Verlag
is a trademark of
Dodo Books Indian Ocean Ltd. and OmniScriptum S.R.L publishing group

120 High Road, East Finchley, London, N2 9ED, United Kingdom
Str. Armeneasca 28/1, office 1, Chisinau MD-2012, Republic of Moldova, Europe
Managing Directors: Ieva Konstantinova, Victoria Ursu
info@omniscriptum.com

Printed at: see last page
ISBN: 978-3-8416-0166-7

Dieter Katte

Zur Quelle kommen

von der Kraft des Wortes

Vorwort:

Worte können hinrichten und Hoffnungen zerschlagen, Worte können aber auch aufrichten und Kraft schenken. Um solche Worte geht es in den folgenden Impulsen. Sie sind der heiligen Schrift entnommen, jenem Buch, das von der Schöpfung und der Erlösung handelt; von dem Wort, das am Anfang alles ins Dasein rief und von dem Wort, das in dieser Welt erschien, um sie zu retten. Dieses Wort ist nicht verstummt. Bis heute spricht Gottes Geist durch Menschen und er wird verstanden von denen, die sich von seinem Geist Augen und Ohren öffnen lassen.

Die einzelnen Kapitel dieses Buches übersetzen Gottes ewiges Wort in die Sprache unserer Zeit. Sie greifen Erfahrungen, Hoffnungen oder Sorgen auf und verknüpfen sie mit jener Quelle, aus der auch heute das lebendige Wasser sprudelt. Die hier vorgelegten Gedanken wollen anregen, deuten und ermutigen. Sie bieten Entscheidungsmöglichkeiten an und laden ein, den eigenen Weg zu suchen m Dickicht von Vorschriften, Gewohnheiten und Sehnsüchten: ein Navi, dessen Koordinaten nicht an Erfolg oder Schicksal, sondern an dem ausgerichtet sind, der sich als Licht der Welt und als Brot des Lebens geoffenbart hat.

Inhalt:

adventliche Gestalten

In diesem Kapitel erinnere ich an einige Personen des Neuen Testaments, die uns in der Zeit vor Weihnachten begegnen und uns zeigen, was es heißt, Gott zu erwarten und sich auf sein Kommen vorzubereiten.

Maria

Am 8. Dezember feiert die Kirche das Fest der Erwählung Marias, Gott hat sie berufen, die Mutter Jesu Christi zu werden, Maria rückt damit ein in die Reihe der Menschen, die Gott einen Weg in diese Welt hinein bereiteten, An ihrem Fest möchte ich mit Ihnen über diese Frau nachdenken, denn sie kann jedem von uns zeigen, worauf es auch bei uns ankommt.

Über das ganze Leben Marias könnte man das Wörtchen „Ja" schreiben: Sie sagte ebenso Ja zu der Zumutung des Engels wie auch zu ihrer besonderen Stellung in der menschlichen Gesellschaft. Sie sagte Ja zu allen damit verbundenen Anfeindungen und Anfechtungen und sie sagte schließlich Ja zum Opfergang ihres Sohnes und hielt sogar unter seinem Kreuz aus.

Es braucht sehr viel Mut und sehr viel Hoffnung, all dem stand zu halten und nicht davonzulaufen. Maria hatte diese Kraft, weil sie vertrauen konnte. Vom Beginn ihrer Berufung an vertraute sie: Sie vertraute sich Gott an, der ihre Pläne so unerwartet durchkreuzte, und sie vertraute sich dann auch ihrem Sohn an, der ihre Geduld und Mutterliebe in vielen Situationen seines Lebens auf eine harte Probe stellte.

Maria hatte keine Ahnung, welche Konsequenzen ihr Vertrauen haben würde, sie ging trotzdem ihren Weg, Schritt für Schritt. Marias Größe liegt in diesem Vertrauen, weniger in ihren großen Leistungen und in ihrer Opferbereitschaft. Das sind die Folgen ihrer Grundhaltung: „Ich bin die Magd des Herrn, mir geschehe nach deinem Wort" (Lk 1,38). Damit gab sie ihr Leben aus der Hand. Sie vertraute nicht mehr sich, sondern dem, dem sie sich selbst verdankte. Ihm traute sie sich sozusagen an. Damit aber konnte sie an ihr Leben glauben, denn sie wusste es gehalten von dem Lebendigen selber.

Hier liegt meiner Meinung nach überhaupt das Geheimnis eines gelingenden Lebens: Dass wir Vertrauen lernen und vertrauen können; dass wir uns loslassen und unser Herz tatsächlich verlieren: Nicht an irgendetwas, an Besitz, Macht oder Einfluss; auch nicht an eine Idee, sondern an das Leben selber.

Dazu aber müssen wir offen und hellhörig werden wie Maria, denn auch heute noch ruft Gott Menschen. Gott nimmt zu allen Zeiten unsere Gestalt an, dazu aber braucht er uns. Er braucht Menschen, die wie Maria bereit sind, sein Wort in sich aufzunehmen, es in sich wachsen und reifen zu lassen,

Der Nährboden dafür ist das Vertrauen. In ihm nimmt Gottes Wort auch in uns konkrete, greifbare Formen an. Aus dem Vertrauen wächst auch heute noch das Leben.

Johannes der Täufer

In diesem Kapitel denke ich an Menschen, die vor allem in den Wochen des Advent eine wichtige Bedeutung haben. Zu ihnen gehört Johannes der Täufer,

Er spielt in der Vorbereitungszeit auf Weihnachten eine besondere Rolle. Wir kennen ihn als Vorläufer Jesu, als Bußprediger draußen am Jordan, als einsamen Rufer in der Wüste. So nennt ihn das Evangelium und charakterisiert damit Johannes als jemanden, der nicht für sich allein dahinlebt und für sich allein da ist. Er hat eine Aufgabe. Er soll das beginnende Reich Gottes ankündigen und auf den hinweisen, der nach ihm kommt, aber größer ist als er.

Matthias Grünewald hat diese Rolle von Johannes dem Täufer erkannt. Er stellt ihn auf seinem berühmten Isenheimer Altargemälde mit einem entsprechenden Symbol dar: Johannes bekommt von ihm einen überlangen Zeigefinger. Mit ihm weist Johannes von sich weg und auf Jesus hin, der am Kreuz hängt. Dieser ist es! Schaut auf ihn, nicht auf mich! Johannes ist der Mann mit dem Zeigefinger. Dieser Finger, seine ganze Person, zeigt auf Jesus.

Meist kennen wir den Zeigefinger in einer anderen Bedeutung. Wir erheben ihn, um zu warnen oder zu drohen; wir weisen auf Schwächen anderer hin oder benützen ihn auch zuweilen, um auf uns selbst aufmerksam zu machen. Auch Johannes zeigt. Auch er zeigt auf Wichtiges hin, allerdings weder auf sich selbst noch auf irgendetwas, sondern auf den, der allein wichtig ist.

Darin unterscheiden wir uns oft von dem Vorläufer des Herrn, obwohl wir alle eine ähnliche Berufung haben. Zwar erwartet Gott von uns sicherlich nicht, dass wir uns jetzt irgendwo, vielleicht in der Fußgängerzone einer Großstadt oder am Ufer eines Flusses hinstellen und anfangen, von Gott zu reden. Es geht um etwas anderes.

Wir alle sind Ebenbilder Gottes, Abbilder unseres Schöpfers. An uns und durch uns kann darum etwas von Gott erkannt werden. Und durch die Taufe sind wir Christen geworden. Wir tragen Christi Namen, sind verwandt mit ihm, sind seine Kinder geworden und zeigen durch unser Leben, welche Kraft und welche Hoffnung von Gott her in uns am Werk ist.

Wir müssen nur noch lernen, nicht auf uns zu verweisen, nicht uns in den Mittelpunkt zu stellen, nicht unseren eigenen Weg zu bahnen, sondern Gott zum Vorschein kommen zu lassen durch uns. Ein Anfang könnte es sein, wenn wir beginnen, nicht uns in den Vordergrund zu stellen, sondern von uns weg auf den zu verweisen, der der eine Wichtige ist, auch heute noch, und dessen Ankunft wir heute genauso entgegengehen und sie erwarten wie damals der Täufer Johannes.

Elisabeth und Zacharias

Zu den adventlichen Gestalten der heiligen Schrift gehören auch Elisabeth und Zacharias, die Eltern von Johannes dem Täufer. In der heiligen Schrift erfahren wir, dass der Erzengel Gabriel dem Zacharias im Tempel die Geburt seines Sohnes ankündigt. Dieses Kind sollte später als Vorläufer Jesu berühmt werden. Noch aber ist es nicht so weit.

Zacharias ist von dem Wort des Engels erst einmal überrascht. Er verstummt, die Stimme versagt ihm; sprachlos spürt er Gottes Handeln an sich und seiner Frau. Beide waren ja schon uralt und hatten sich damit abgefunden, kinderlos zu sterben. Nun aber sollte alles anders werden. Gott hatte in ihrer beider Leben eingegriffen. Nach der Geburt seines Sohnes preist Zacharias diesen Gott, den er als Retter Israels sein Leben lang verehrt hatte und den er nun als Retter seiner eigenen Not erfahren durfte. Elisabeth mag es ähnlich ergangen sein. Fassungslos zieht sie sich fünf Monate lang zurück und bekennt dann voller Freude: „So hat der Herr an mir getan zu der Zeit, da er hernieder schaute, meine Scham vor den Menschen hinwegzunehmen.“ (Lk 1,25).

Die Botschaft dieser Begebenheit, die die heilige Schrift in wenigen Zeilen überliefert, ist klar: Gott will mit den Menschen zu tun haben, Er schaut auf ihre Not, er übersieht sie nicht, er nimmt sich derer an, die ihre Hoffnung auf ihn setzen.

An Elisabeth und Zacharias, diesen beiden alten Menschen, können wir erkennen, wie dies geschieht. Am Anfang stehen Sehnsucht und Enttäuschung. Kinder bedeuteten für jede Familie in Israel Glück und Segen. Elisabeth und Zacharias aber sind kinderlos geblieben, ungesegnet von Gott und deshalb sicherlich auch mehr oder weniger deutlich verachtet von vielen Frommen ihrer Umgebung. Beide verbittern jedoch nicht. Sie überlassen es Gott, ihr Leben zu vollenden; ihm vertrauen sie trotz ihrer Not und ihrer Fragen. Gott aber bleibt stumm, ihre Bitten werden offensichtlich nicht erhört. Elisabeth und Zacharias aber halten dennoch fest an diesem Gott, sie geben ihn nicht auf, auch wenn er sie zu enttäuschen scheint und kein Zeichen dafür sendet, dass er sich für ihre Sorgen interessiert. Und dann, am Ende eines langen und sicherlich oft traurigen Lebensweges kommt eine neue Enttäuschung von Gott, diesmal freilich eine erfreuliche: Gott, der teilnahmslos und uninteressiert schien am Schicksal dieser beiden Frommen, er erweist sich nun als treu und glaubwürdig, allerdings in einer überraschenden und völlig unerwarteten Weise. Gott ist die Antwort auf unsere Fragen, aber er gibt selten die Antworten, die wir von ihm möchten.

Elisabeth und Zacharias sind auch heute noch lebendig. Sie sind unter uns in allen, die sich vom Schicksal, von Gott zurückgestoßen glauben; in denen, deren Wünsche nicht in Erfüllung gehen; in allen, deren Lebensglück zerbrochen ist. Entscheidend bleibt, dass alle diese Menschen wie Elisabeth und Zacharias trotzdem festhalten an Gott und auch dann noch mit ihm rechnen, wenn er fern zu bleiben scheint von ihrer Angst und ihrer Not.

Elisabeth und Zacharias mussten ein Leben lang auf die Erfüllung ihrer Sehnsucht warten. Hierin sehe ich einen wichtigen Hinweis auch für uns: Gott zeigt sich nicht dort, wo wir es wollen, und er zeigt sich auch nicht dann, wann wir es für richtig halten. Er reagiert nicht, er agiert souverän und antwortet auf unsere Fragen auf seine Weise. Wer jedoch warten kann und sich von Gott überraschen lässt wie diese beiden biblischen Gestalten, der wird auch in seinem Leben Gottes Nähe spüren und erfahren, was die beiden Namen Zacharias und Elisabeth bedeuten: „Gott hat sich erinnert“ und „Gott ist die Fülle“.

Josef

Auch Josef, der Mann Marias, hat sehr viel mit dem Advent, der Erwartung des Kommens Gottes zu tun und kann uns helfen, ebenfalls ein adventlicher Mensch zu werden, wie er.

Auf Weihnachtsdarstellungen kann man ihn fast immer sehen. Er steht hier nie im Mittelpunkt, sondern immer am Rande. Er ist nicht die Hauptperson des heiligen Geschehens, er ist mehr als Zuschauer beteiligt. Das war das Schicksal seines Lebens. Er wollte ein ganz normales Leben führen. Er hatte sich mit Maria verlobt und Zukunftspläne mit ihr geschmiedet. Aber es kam alles ganz anders. Plötzlich ereigneten sich Dinge, die er nicht mehr verstand. Josef will zunächst davonlaufen. Eine ganz natürliche Reaktion! Aber Gott braucht auch ihn; er greift auch in sein Leben ein. Im Traum spricht Gottes Engel Josef seine Aufgabe zu.

Es ist eine undankbare Rolle, die diesem Mann zugemutet wird. Er steht nur am Rande des Heilsgeschehens, in dessen Schatten. Von Josef ist uns weder ein einziges Wort überliefert noch weiß die heilige Schrift besondere Taten von ihm zu berichten. Er wird immer nur angeredet vom Engel Gottes. Josef hört darauf und gehorcht mitten in der Unscheinbarkeit des Alltags. Sein ganzes Leben ist Antwort auf das Wort Gottes, das zwar nicht direkt durch ihn, aber auch nicht an ihm vorbei in diese Welt kommt.

So wird dieser Mann am Rande zum Menschen, der in der Stille, im Kleinen treu ist; der, ohne viel Aufhebens davon zu machen, Gott seine bescheidenen Kräfte und Fähigkeiten anbietet. Menschliche Beachtung und ehrenvolle Aufmerksamkeit sind dadurch nicht zu gewinnen, und doch sind solche Menschen notwendig. Ohne sie wäre das Leben der sogenannten Großen undenkbar.

Der heilige Josef wird so zum Typ des Menschen, der in der Menschenmenge nicht auffällt, mit dessen Schicksal sich keine Massenmedien beschäftigen und der nie Anlass zu einer Schlagzeile bietet. Er ist der „Mann von nebenan“, der „Jedermann“, an den kaum jemand denkt und der höchstens zum Jahreswechsel mit einem kleinen Geschenk bedacht wird.

Der heilige Josef ist ein Mensch, der gerade dadurch groß ist, dass er seine Berufung akzeptiert und den Platz ausfüllt, den ihm Gott zugewiesen hat. Er will nicht mehr sein, als er von Gott her sein soll. Es gehört sehr viel Mut zu so einer Bereitschaft. Wichtige Aufgaben übernimmt jeder Mensch gern. Der heilige Josef war bereit, eine kleine, unscheinbare und dadurch undankbare

Rolle am Rande zu spielen. Gerade darin aber besteht seine Größe.

Simeon und Hanna

Adventliche Gestalten sind für mich auch Simeon und Hanna, obwohl die Liturgie erst 40 Tage nach Weihnachten am Fest der Darstellung des Herrn an sie erinnert. Dabei erfahren wir, dass diese beiden hochbetagten Menschen voller Sehnsucht auf den Erlöser warteten bis sich ihr Advent im Tempel von Jerusalem erfüllte.

Viel wissen wir nicht von diesen beiden. Das Evangelium erwähnt sie nur kurz und beschreibt sie als fromme, uralte Menschen. Sie lebten ganz in der Hoffnung auf Gott und vertrauten darauf, dass Gott den verheißenen Retter auch wirklich senden werde. Dies kommt zusätzlich noch in ihren Namen zum Ausdruck. Simeon heißt nämlich „Gott hat erhört" und Hanna bedeutet „Gott hat sich erbarmt".

In diesen beiden bündeln sich die uralten Verheißungen Israels. In ihrem lebenslangen Warten stehen sie für ihr Volk, das ebenfalls jahrhundertelang sehnsüchtig wartete und von seiner Hoffnung nicht abrückte, obwohl es sich dazu immer wieder versucht sah. Auch wir wissen ja, wie schwer es werden kann, zu warten, zu hoffen, auszuharren und nicht aufzugeben. Simeon und Hanna sind so Symbolgestalten, die uns in unserer eigenen Hoffnungsfähigkeit ansprechen.

In diesen beiden Menschen kommt also nicht nur die Erwartung Israels, es kommt mit ihnen die Sehnsucht jedes Menschen in den Tempel. Wir selber sind gemeint, um uns geht es in dieser Erzählung. Wir werden eingeladen, mit unserer Not und mit unserem Verlangen nicht bei uns selber zu bleiben oder irgendwohin zu gehen, sondern dorthin zu kommen, wo wir mit Gott rechnen dürfen. Wir werden ermutigt, uns an Gott zu wenden und nicht bei einem anderen Hilfe zu suchen.

Im Tempel erfahren nun beide tatsächlich Gottes Antwort. Sie bekommen die Gewissheit, dass es nicht vergeblich ist, mit Gott zu rechnen und auf ihn zu bauen. Freilich ist es auf den ersten Blick eine recht merkwürdige Antwort. Im Tempel begegnen Simeon und Hanna nämlich Maria und Josef mit einem Säugling auf den Armen.

Simeon und Hanna sehnten sich nach dem Messias, dem Retter Israels und der Welt. Und Gott gibt ihnen das Zeichen eines kleinen, unbekannten Kindes. Es gehört sehr viel Mut und Vertrauen dazu, dieses Zeichen anzunehmen, diesem Wort Gottes zu glauben und es als Licht in der Finsternis, ja als Licht für die ganze Welt zu preisen (vgl. Lk 2,32). Genau das aber macht die beiden alten Menschen dieser Erzählung so faszinierend auch für uns, denn heute ist es nicht anders. Gott kommt auch heute nicht nach unseren menschlichen Vorstellungen in dieser Welt zum Vorschein. Er verändert weder die Strukturen unserer Wirklichkeit, noch schafft er durch gewaltige Wunder alle Not, allen Schmerz, alle Grausamkeit einfach fort. Und doch ist er da! Für viele bleibt er freilich verborgen, denn die Zeichen seiner Nähe sind heute genauso unscheinbar, so unglaublich wie damals. Auch heute noch gehört sehr viel Vertrauen dazu, Gottes Zeichen zu erkennen und sie als unser Licht anzuerkennen.

Simeon und Hanna können uns dabei vielleicht helfen. Sie ermuntern uns, zu hoffen und bei dieser Hoffnung zu bleiben trotz aller Enttäuschungen; sie leben uns vor, wohin wir mit unseren Sorgen kommen dürfen und sie zeigen uns, mit welchen Augen allein Gott in dieser Welt zu erblicken ist.

Weihnachtliche Zeichen

Die Welt feiert Weihnachten, alle Jahre wieder, oft sogar schon Wochen vor dem Fest. Danach aber ist alles regelmäßig sehr schnell wieder vorbei und zwar ziemlich spurlos, wenn man von den empfangenen Geschenken und den nutzlos gewordenen Weihnachtsbäumen einmal absieht. Gottes Kommen wurde damals und wird heute kaum beachtet, die Welt scheint blind und taub für die Zeichen von Gottes Nähe. Dieses Kapitel möchte deshalb für Gottes Spuren in dieser Welt sensibilisieren und dadurch mithelfen, dass es auch in unserer Zeit Weihnachten werden kann und zwar unabhängig von einem bestimmten Kalendertag und ohne Rücksicht auf die Interessen der Wirtschaft.

Gott zeigt sich überraschend

Sollten Sie diese Zeilen nicht gerade an Weihnachten lesen, dann lassen Sie sich bitte durch den Titel nicht verwirren. Er bezieht sich nämlich nicht auf ein bestimmtes Datum, denn was wir alljährlich am 25. Dezember feiern, das gilt für jeden Tag des Jahres. Und hier meine ich nicht nur die Botschaft dieses Festes, dass Gott Mensch wird, einer von uns, sondern vor allem die Art und Weise, wie sich Weihnachten ereignet. Ich habe den Eindruck, dass die meisten bis heute nicht gemerkt haben, wie Gott damals vor 2000 Jahren in die Welt kam und dass sie darum auch heute nicht erkennen, wenn Gott sich in ihrem Leben zeigt. Darüber möchte ich jetzt ein wenig nachdenken.

Es ist schon eigenartig. Seit vielen Jahrhunderten hatten Menschen darauf gewartet, daß Gott kommt. Sie hatten den Himmel bestürmt, Gott angefleht, sie waren gespannt und voller Sehnsucht. Sie wollten, dass Gott in dieser

Welt erscheint und als es dann so weit war, als die Zeit erfüllt war, wie der Evangelist Lukas schreibt, da nahm kaum jemand Notiz von diesem Ereignis, das die Weltgeschichte veränderte.

Gott hatte die Menschen überrascht. Er war ganz anders gekommen, als sie das erwartet hatten. Nicht als Königssohn in Jerusalem, nicht als mächtiger Reformer oder als siegreicher Krieger, sondern als kleines Kind. Er kam zur Welt im unbedeutenden Bethlehem, irgendwo in der Stille, unbemerkt und unerkannt von den Leuten ringsum. Er wuchs heran im fernen Nazaret und war äußerlich gesehen ein Mensch wie jeder andere. Gläubige Augen freilich sahen mehr, sie erkannten Jesu Vollmacht und sie spürten die befreiende und heilende Kraft, die von ihm ausging. Wer aber hat schon solch gläubige Augen, die mit dieser Überraschung Gottes etwas anfangen können? Genau darauf aber kommt es an!

Die Erfahrung von Weihnachten verkündet, dass Gott unerwartet kommt und sich in einer Weise zeigt, an die niemand vorher dachte. Gott kommt nicht dort, wo der Mensch ihn haben möchte und er kommt auch nicht so, wie sich der Mensch das wünscht. Er kommt ganz anders. Gott passt nicht in unser Schema, er sprengt alle unsere Gedanken über ihn. Gott lässt sich nicht berechnen und verplanen, von ihm kann sich der Mensch immer nur überraschen lassen.

Wer sich aber darauf einlässt, wer aufhört, sich seinen Gott zurechtzubasteln und wer dafür anfängt, Gottes Überraschungen in seinem eigenen Leben nachzuspüren, der erlebt Weihnachten und zwar nicht nur am 25. Dezember eines jeden Jahres. Gott ist uns ja immer nahe, er ist bei uns und um uns und nicht selten ist er uns dort am allernächsten, wo wir weder aus noch ein wissen, weil sich plötzlich etwas ereignet, mit dem wir nicht gerechnet hatten und das wir nicht einordnen können. Die Überraschungen unseres Lebens: oft sind sie Zeichen eines Gottes, der nicht nur damals, vor 2000 Jahren ganz plötzlich in diese Welt kam.

Gott kommt mitten in der Nacht

So mancher ist froh, wenn Weihnachten vorbei ist und er das Fest heil überstanden hat. Nun dauert es fast wieder ein ganzes Jahr, bis man von allen Seiten lautstark, nachdrücklich und unentrinnbar von neuem an dieses Fest erinnert wird. Ich finde es allerdings sehr schade, dass wir nur einmal im Jahr Weihnachten feiern, denn im Grund ist Weihnachten eigentlich immer, jeden Tag, jede Stunde, ja jeden Augenblick unseres Lebens, denn Gott will immer mit uns sein, mit uns leben. Seiner Gegenwart und Nähe dürfen wir uns immer gewiss sein, nicht nur an einem besonderen Tag im Jahr.

Wir wissen das, und doch fällt es uns manchmal sehr schwer, daran zu glauben. Die Realität unserer Welt und unseres Lebens spricht nämlich eine andere Sprache. Sie scheint von einer Nähe und Gegenwart Gottes nichts zu wissen. Weihnachten hat nichts daran geändert. Alle großen Worte und schönen Geschenke, alle guten Vorsätze und frommen Lieder sind kraftlos verhallt. Die Finsternis unserer Not, die Nacht unserer Gottesferne und die Kälte der Einsamkeit vieler Menschen ist vor und nach Weihnachten unverändert geblieben.

Und doch hat sich sehr viel verändert! Es braucht allerdings besondere Augen, um das zu erkennen; es sind besondere Ohren nötig, um die Weihnachtsbotschaft wirklich zu hören. Das war damals vor 2000 Jahren auch schon so. Nur wenige Menschen hatten ja von dem Ereignis überhaupt Notiz genommen. Das lag daran, dass Gottes Kommen nicht von gleißenden Scheinwerfern bestrahlt wurde. Und zudem kam er auch an einem entlegenen Ort und mitten in der Nacht in diese Welt. In der Nacht pflegen die Menschen zu schlafen, da haben sie ihre Augen geschlossen und ihre Ohren sind taub für alle leisen Klänge.

Gott aber wählte damals diesen Weg. Ich sehe einen tiefen Sinn darin. Die Nacht ist ein Symbol für unsere Not. In der Nacht, wenn es finster ist, da fürchten sich viele, da fühlen sie sich bedroht und ziehen sich in ihre Wohnungen zurück. Die Türen werden verschlossen, man sichert sich ab. Die Nacht ist für viele Menschen auch die Zeit der Einsamkeit und der Not, in der sie auf den Morgen und das Licht eines neuen Tages warten.

Nacht, das sind nicht die Stunden zwischen dem Untergang der Sonne und ihrem Aufgang, Nacht, das ist, wenn jemand sich bedrängt fühlt, wenn das Leben sich zurückzuziehen scheint und der Tod seine Hand nach uns ausstreckt. Nicht immer spüren wir das so deutlich, aber hin und wieder beschleicht uns eine Ahnung davon.

In solchen Augenblicken kann einem aufgehen, was es bedeutet, dass Gott in einer Nacht in die Welt kam und wir seitdem darauf vertrauen dürfen, dass er auch in unserer persönlichen Nacht da ist. Weihnachten lehrt uns, dass keine Finsternis mehr nur noch trostlos ist, weil sie durch das Licht von Gottes Nähe erleuchtet wird. Vielleicht sind es sogar unsere eigenen Nächte, in denen wir diese Botschaft deutlicher als sonst hören können und wir zu ahnen beginnen, dass Weihnachten tatsächlich unsere Welt verändert hat und dass Weihnachten darum nicht nur am 25. Dezember eines jeden Jahres ist.

Gott kommt als kleines Kind

Jedes Jahr kann man dasselbe beobachten: die Wochen vor Weihnachten sind schier unerträglich mit weihnachtlichen Hinweisen überfrachtet, dann aber, das Fest ist noch gar nicht richtig vorbei, da denkt kaum noch jemand daran. Alle Jahre wieder ist lange vorher ein gewaltiger Trubel und dann ist alles sehr schnell vorbei. Man geht rasch zur Tagesordnung über, als ob nichts geschehen wäre.

Für die meisten Menschen ist auch tatsächlich nichts geschehen. Ihnen geht es so, wie den Leuten damals in Bethlehem und Jerusalem. Für sie hatte sich nichts geändert, obwohl mit Jesu Geburt eine neue Zeit angebrochen war. Gott hatte unserer Welt das Zeichen geschenkt, auf das sie jahrhundertelang gewartet hatte, nun aber beachtete es kaum jemand. Was sollte auch ein unscheinbares, kleines Kind am Lauf der Welt verändern können?

An Gott hatte man ganz andere Erwartungen. Er müsste doch machtvoll und für alle sichtbar eingreifen. Einen Gott stellt man sich groß und herrlich vor. Von seinen Zeichen war darum zu erwarten, dass auch sie etwas von dieser Pracht und Allgewalt widerspiegeln. Im Grunde ist das auch heute noch die Hoffnung vieler Gläubiger. Sie erwarten sich, dass Gott kraftvoll die Welt umgestaltet; dass er die Bösen bestraft, die Guten belohnt, und eine Weltordnung aufrichtet, in der alles gut ist. Gott könnte doch die Kriege verhindern, das Unrecht aus der Welt schaffen und allem Leid ein Ende machen. Gott könnte dieses und jenes bewirken und ein Paradies schaffen, wie wir es uns vorstellen.

Gott aber hat einen anderen Weg gewählt, uns zu erlösen. Er kommt nicht mit überwältigender Macht, sondern im Zeichen eines kleinen und schwachen

Kindes. Er will uns seinen Willen und seine Lebensordnung nicht aufzwingen, er wirbt um unser freies Ja zu ihm. Liebe und Zwang schließen sich gegenseitig aus. Der Gott der Liebe kann uns sein Heil nicht gegen unseren Willen aufzwingen. Das kleine Kind ist das Zeichen von Gottes übergroßer Liebe; Und dieses kleine Kind zeigt uns mehr von Gottes Größe als alle die sogenannten großen Worte und Taten.

Was sich damals in Bethlehem ereignete und was wir seither Jahr für Jahr feiern, das ist nicht vergangen und vorbei, das gilt auch heute noch. Auch heute noch gibt Gott uns seine Zeichen und heute sind sie genauso unerwartet wie damals. Von Weihnachten allerdings können wir lernen, wohin wir schauen müssen. Gott hat sich nicht verändert und er zeigt sich heute ebenso wenig wie vor 2000 Jahren im machtvollen Prunk oder in zwingenden Gewalttaten. Er kommt uns auch heute noch nahe im Kleinen und Unscheinbaren, in dem, was die Welt oft sehr schnell verachtet. Wem aber nicht nur die lauten und dicken Schlagzeilen wichtig sind, wer ein Gespür und ein Herz hat auch für das Schwache, dem wird sein ganzes Leben über der Stern von Bethlehem den Weg weisen zur Begegnung mit Gott mitten in seinem Alltag und zwar nicht nur am Weihnachtsfest selber.

nur "kleine" Leute erkennen Gottes weihnachtliche Zeichen

Einige Zeit nach Weihnachten, dem Fest des Lichtes inmitten der Finsternis, fragt man sich unwillkürlich: Was ist eigentlich davon geblieben? Das Heil ist in dieser Welt erschienen, die Welt ist aber nach wie vor alles andere als heil. Ist die Realität unserer Welt doch stärker als die Hoffnungsbotschaft von Weihnachten? Oder liegt es an uns, dass wir die neue Wirklichkeit von Weihnachten so schwer verstehen und Gottes Zeichen so leicht übersehen?

Wer die Weihnachtsgeschichten der heiligen Schrift liest, der merkt, dass dies vor 2000 Jahren nicht anders war. Auch in Bethlehem blieb damals die Welt dunkel, das gewöhnliche Leben ging weiter. Die Welt nahm von Jesu Geburt praktisch keine Notiz. Weihnachten machte keine Schlagzeilen; die Einflussreichen und Mächtigen kümmerten sich nicht darum.

Nur von wenigen Ausnahmen erzählen die Weihnachtsgeschichten. Wir hören von Hirten, die die ersten Besucher an der Krippe waren. Diese Notiz gibt uns einen wichtigen Hinweis. Die Hirten waren Vertreter einer zur Zeit Jesu eher verachteten Berufsgruppe. Man traute ihnen nicht über den Weg und stellte sie ins gesellschaftliche Abseits. Sie besaßen nichts und waren in jeder Hinsicht arme Leute; sie zählten zu den Kleinen und Schwachen im Lande. Gerade ihnen aber wird Gottes Weihnachtsbotschaft durch den Engel verkündet. Für Gott waren sie nicht zu klein oder zu unordentlich und es ist kein Zufall, dass Gottes Wort gerade bei diesen Menschen offene Ohren findet und aufgenommen wird. „Sie machten sich eilends auf und fanden Maria und Josef und das Kind in der Krippe" (Lk 2,16), verkündet das Weihnachtsevangelium.

Später werden dann noch andere Besucher kommen: Menschen aus der Ferne. Fremde also, Ausländer finden zur Krippe. Und dann hören wir noch einmal von zwei Menschen, die in Jesus den Retter der Welt erkennen und sich zu ihm bekennen. Es sind Simeon und Hanna, zwei uralte Leute. Sie hatten ihr Leben lang auf Gott gebaut und sich auf ihn verlassen. Ihre Augen waren offen, und so sahen sie ihren erwarteten Herrn, den Maria und Josef als kleinen Säugling in den Tempel von Jerusalem brachten.

Vor 2000 Jahren ist es Weihnachten geworden, aber nur für einige wenige: für Maria und Josef, für die Hirten, für die Gottsucher aus der Ferne und für die beiden Alten im Tempel von Jerusalem. Nur von diesen Menschen weiß die heilige Schrift zu berichten, dass sie den Sohn Gottes in dieser Welt willkommen hießen und sich zu ihm bekannten, als er in der wahrhaft unerwarteten Gestalt eines kleinen Kindes in ihr Leben trat.

Allen diesen Menschen ist gemeinsam, dass sie in den Augen der anderen keine besondere Rolle spielten; keiner kannte sie, keiner beachtete sie. Sie waren arme, einfache Leute, sie gehörten zu den Kleinen im Lande. Das ist offenbar die Voraussetzung, um Gott in dieser Welt zu erkennen. Wer klein ist, wer das Kleine nicht übersieht, wer sich selber bücken kann und dies nicht nur von den anderen verlangt, der erkennt mehr: mehr vom Leben und damit von der Wirklichkeit Gottes. Weihnachten verkündet uns einen Gott, der klein geworden ist. Nur wer selbst klein ist, der ist fähig, Gottes Nähe zu spüren und der findet Gottes Zeichen in den vielen kleinen Dingen des Alltags auch heute noch.

Unterwegs nach Weihnachten

Ich möchte jetzt an eine der schönsten Weihnachtsgeschichten der heiligen Schrift erinnern, weil ich glaube, dass sie uns nicht nur an Weihnachten sehr viel zu sagen hat. Ich meine die Geschichte von den sogenannten Heiligen Drei Königen. Viel wissen wir nicht von ihnen. Die heilige Schrift erzählt nur, dass sie aus der Ferne nach Bethlehem kamen, weil sie einen besonderen Stern entdeckt hatten und sich von ihm führen ließen.

Diese Geschichte steckt voller Symbole. Da ist zum Beispiel der Stern. Man braucht sich das nur einmal genauer vorzustellen oder es gar selber in einer sternklaren Nacht zu versuchen: Wie soll man einem Stern folgen, der hoch am Himmel steht? Zu einem Wegweiser taugt auch der allerhellste Stern nicht, es müsste schon einer sein, der nicht am Himmel, sondern in uns selber leuchtet.

Solche Sterne gibt es tatsächlich, wir nennen sie nur etwas anders und sagen Ideale oder Idole zu ihnen. Idole, Film- oder Schlagersternchen, sind tatsächlich Leit- und Vorbilder vieler Menschen. Jeder hat und braucht etwas, was ihm wichtig ist, wonach er strebt, dem er nacheifert und das er erreichen möchte.

Davon spricht auch die Drei-Königs-Geschichte der heiligen Schrift. Sie erzählt von Menschen, die nach mehr suchen, die nicht zufrieden sind mit dem, was sie haben und wissen. In ihnen ist eine große Sehnsucht. Sie lassen sich leiten von der Hoffnung, Gott in ihrem Leben zu finden. Deswegen waren sie aufgebrochen und hatten sich auf eine weite und ungewisse Reise gemacht. Wir können darin ihren Lebensweg erkennen. Dieser Weg war nicht immer einfach und vor allem war er selten klar. Sie mussten fragen und auch immer wieder feststellen, dass sie sich verlaufen hatten, weil sie ihre eigenen Vorstellungen mit der Wirklichkeit Gottes verwechselt hatten.

So erzählt die heilige Schrift, dass sie das Königskind in Jerusalem suchen, im Palast des Königs Herodes. Wo sonst sollten sie auch den neugeborenen König treffen? In Jerusalem aber war dieses Kind nicht. Die Schriftgelehrten verweisen die Fremden ins unbedeutende Dorf Bethlehem in der Nähe. Und dort fanden sie in einer Hütte dann tatsächlich das Ziel ihrer Reise.

Wir nehmen das meist ziemlich selbstverständlich hin und denken gar nicht daran, welche Enttäuschung das für die Drei aus der Ferne gewesen sein musste. Statt eines Königskindes in Pracht und Glanz ein ganz gewöhnliches

Kind armer Leute in noch ärmlicherer Umgebung. Die Gottsucher aber glaubten trotzdem und so erkannten sie ihren Retter, Gottes Zeichen in ihrem Leben.

In dieser biblischen Geschichte geht es gar nicht um irgendwelche fremden Leute, die vor vielen Jahren einmal in einem fernen Land lebten, diese Geschichte spricht vielmehr von uns selber. Wer Gott sucht in seinem Leben, der erfährt hier, wie dieser Weg zur Krippe aussieht und er darf sich durch diese Erzählung ermutigen lassen, dass Gott sich auch ihm zeigt, denn die Erfahrung von Gottes Nähe wird allen geschenkt, die sich nach Gott sehnen in ihrem Leben und ihn suchen.

Unterwegs nach Ostern

Ein zentraler Abschnitt aller vier Evangelien handelt von Jesu Weg nach Jerusalem und den Ereignissen, die dort zu Jesu Tod führten. Am deutlichsten ist dies im Markus-Evangelium zu erkennen. Mit der ersten Leidensankündigung Jesu in 8,31 kommt sein Schicksal in den Blick. Er ist nicht nur geographisch unterwegs nach Jerusalem, er tritt damit auch in die entscheidende Phase seines Lebens und seiner Sendung ein.

Jesu Weg nach Jerusalem

Die Kirche bereitet sich sechs Wochen lang auf Ostern vor. In dieser Zeit begleitet sie Jesus auf seinem Weg nach Jerusalem: Jerusalem, die Stadt im heutigen Staat Israel, innerlich zerrissen und gespalten, umkämpft von Juden und Palästinensern, geistiger Mittelpunkt der Juden, der Christen und der Muslime. Der Name dieser Stadt ist Programm und Hoffnung zugleich: Ort des Friedens. Unerfüllbar scheint diese Sehnsucht, und doch ist sie mehr als ein frommer Wunsch.

Dorthin ist Jesus unterwegs. Die Evangelisten berichten uns, wie Jesus zunächst in Galiläa wirkt, dann aber immer deutlicher nach Jerusalem blickt, und dort schließlich seinen gewaltsamen Tod findet. Besonders bei dem Evangelisten Markus wird der Name dieser Stadt zu einem theologischen Bild. Jerusalem ist gleichbedeutend mit Gottesferne, mit dem Nein des Menschen zu Gottes Einladung. Dorthin zielt Jesu Weg, dort kommt sein irdisches Leben zum Abschluss, und dort wird auch am dritten Tag nach dem Karfreitag das leere Grab entdeckt. Jerusalem, der Ort von Jesu Ende und der Ort seiner Vollendung.

Jerusalem ist mehr als eine Stadt, Jerusalem ist von Jesu Schicksal her gesehen die Stelle, an der unsere Erlösung aufbricht, und zwar seltsamerweise gerade in dem Moment, in dem alles zu Ende und jegliche Hoffnung erloschen war. Das Kreuz war das Ende, das absolute Ende. Nach menschlichem Ermessen war dies der Schlusspunkt. Jesu Jünger verstanden das Kreuz auch so. Sie wandten sich ab, flohen und zerstreuten sich wieder in ihre Heimatorte. Sie hatten sich getäuscht, sie waren enttäuscht.

Die Geschichte von den beiden Jüngern auf dem Weg nach Emmaus berichtet davon. Sie hatten auf Jesus gebaut, er aber war hingerichtet worden und Gott hatte nicht eingegriffen. Von dieser Enttäuschung erzählen sie dem Fremden, der unterwegs zu ihnen stößt. Im Verlauf des folgenden Gesprächs und dann bei dem gemeinsamen Abendessen gingen ihnen jedoch die Augen auf und plötzlich wussten sie: Gott war nicht am Ende, er hatte gehandelt. Das Grab konnte den nicht festhalten, in dem Gott in diese Welt gekommen war.

Jerusalem, der Ort, an dem das menschliche Nein durch das göttliche Ja aufgehoben wurde und so eine neue Wirklichkeit entstand: Hoffnung in der Hoffnungslosigkeit, Leben durch den Tod hindurch. Dorthin ist Jesus unterwegs, und wir sind eingeladen, diesen Weg mitzugehen, Jesus nachzufolgen in unsere eigene Enge und Dunkelheit hinein in der Gewissheit, dass auch unsere Gräber aufbrechen und Gottes Lebenskraft in unserem Versagen wirksam wird.

Unterwegs in Richtung Ostern

In den Wochen vor Ostern sind wir eingeladen, uns auf dieses Fest vorzubereiten. Früher war das eine strenge Buss- und Fastenzeit. Heute sieht man dies viel lockerer. Ich bin darüber ganz froh, denn es kommt für unseren Glauben ja nicht auf Äußerlichkeiten an, und Opfer und Verzichte allein machen noch keinen guten Christen. Andererseits sehe ich durchaus die Gefahr, dass viele Menschen den Ernst dieser Wochen gar nicht mehr erkennen und nicht merken, wie wichtig es auch für das geistige Leben ist, dass man sich um eine gewisse innere Ordnung bemüht und sich nicht einfach treiben lässt. Nicht nur Sportler müssen hart trainieren, Christen brauchen ebenfalls so etwas wie ein geistliches Training, geistliche Übungen. Nun möchte ich Sie an dieser Stelle nicht zu Exerzitien motivieren, ich möchte Ihnen aber so etwas wie ein geistiges Ziel zeigen.

Das Ziel dieser Wochen ist Ostern. Dorthin sind wir unterwegs. Damit meine ich nicht nur das jährlich wiederkehrende Fest, ich meine unseren gesamten Lebensweg. Ostern ist das Ziel, auf das jeder Mensch zugeht. Normalerweise denken wir allerdings kaum daran. Andere Dinge stehen im Vordergrund. Ein junger Mensch macht Pläne für sein Leben. Er möchte etwas erreichen und hat bestimmte Vorstellungen von einem gelingenden Leben. Mit Ostern haben diese meist nichts zu tun. Wenn einer jedoch älter wird, drängt sich die Frage nach dem Sinn seines Lebens immer mehr in den Vordergrund. Vielleicht ist der Anlass ein Schicksalsschlag oder eine schwere Enttäuschung, vielleicht auch eine tiefe Erfahrung, die einen nachdenklich macht und suchen lässt. Warum bin ich da, wohin führt mein Weg?

Für ältere Menschen werden diese Fragen unabweislich. Immer deutlicher rückt ihr Lebensende in den Vordergrund. Altersgenossen sterben, sie müssen den Ehepartner auf den Friedhof begleiten, manche Jüngere aus ihrer Umgebung sind bereits gestorben. Niemand hört es gern, niemand lässt sich gerne daran erinnern, und doch ist es die tiefste Gewissheit, die wir alle haben: Der Weg eines jeden Menschen führt über kurz oder lang in den Tod.

Kein Mensch lebt ewig, der Tod ist unser Ziel. Dorthin bewegen sich alle unsere Wege auch dann, wenn wir sie voller Lebenslust und Lebensfreude gehen.

Wenn wir den Lebensweg Jesu anschauen, dann merken wir: auch sein Leben mündete ein in den Karfreitag. Auch Jesus kam am Tod nicht vorbei. Das hinderte ihn aber nicht daran, sich über das Leben zu freuen und es zu genießen. Nach den Zeugnissen der heiligen Schrift war Jesus ein Mensch, der das Leben bejahte und alles dafür tat, das zu bekämpfen, was dieses Leben einschränkte und behinderte.

Ich glaube, Jesus konnte das Leben deshalb so stark bejahen, weil er auch den Tod anschauen konnte und ihn nicht verdrängte. Jesu Lebensweg führte nach Jerusalem in den Tod. Das wusste er, und trotzdem blieb dieses Leben für ihn wertvoll. Ostern, die Gewissheit des eigenen Todes und die Freude am Leben sind kein Widerspruch, sie gehören zusammen. Ich meine sogar, dass das Wissen um die eigenen Grenzen dieses begrenzte und endliche Leben erst wertvoll und bedeutsam macht.

Unterwegs mit der Gewissheit von Ostern im Rücken

Die Kirche erinnert uns in den Wochen vor Ostern an Jesu Weg nach Jerusalem. In dieser Zeit bereiten viele Christen sich vor auf den Palmsonntag, die Karwoche, auf den Gründonnerstag, den Karfreitag und vor allem natürlich auf das Osterfest. Manchmal blicken wir dabei vielleicht zu schnell gleich auf Ostern und übersehen die Tage davor. Ostern aber kann es nicht werden, bevor nicht der Karfreitag durchlitten wurde. Dies wissen wir von Jesus, und dies gilt auch für uns alle in unserem eigenen Leben. Nur wer den

Karfreitag anschaut, ihn anzunehmen versucht, für den kann es Ostern werden.

Ostern ist das Ziel unseres Lebensweges. Wir sind unterwegs nach Ostern. Das meine ich in der doppelten Bedeutung des Wortes „nach“. Einmal gibt es eine Richtung an, zum anderen aber auch eine Zeit. Gerade diese zweite Bedeutung möchte ich jetzt einmal besonders betonen. Wir sind unterwegs nach Ostern, das heißt: Wir sind unterwegs mit der Gewissheit von Ostern im Rücken. Ostern hat sich ereignet, und damit ist in unserer Welt etwas Neues aufgebrochen. Dieses Neue leuchtet seit Christi Auferstehung in unser Leben hinein, und im Schein dieser Gewissheit können wir weiter und mehr sehen.

Damit meine ich nicht, dass das Leid und der Tod für uns ihren Schrecken verloren haben. Der Schmerz und die Not sind geblieben, dennoch dürfen wir hoffen, auch in hoffnungslosen Stunden. Wenn wir unser eigenes Kreuz mit Christi Kreuz in Verbindung bringen, dann können wir auch die österliche Botschaft dieses Kreuzes auf uns beziehen. Und diese Botschaft sagt uns zu: was für die Welt aussichtsloses Ende bedeutet, das ist für Christus mehr geworden; es wurde zum Beginn neuen Lebens.

Kreuz als Beginn, Enttäuschung als Anfang, Scheitern als Kraft zu Neuem: Dies sind Erfahrungen, die Menschen immer wieder machen. Das Leben ist stärker und hat mehr Kraft in sich, als wir ihm meist zutrauen. Das sieht man an der Natur, an kleinen Gräsern etwa, die sich durch die Fugen von leblosem Beton hindurchzwängen und die Botschaft von der Kraft des Lebens unübersehbar bezeugen. Menschen erleben es immer wieder, dass Grenzerfahrungen sich als Wendepunkte erweisen, und aus so manchen Krisen ein unerwarteter Neubeginn möglich wird.

Dieser Kraft des Lebens zu trauen, dazu ermutigt uns die Osterbotschaft. An sie zu denken, sich in sie einzuüben, sie nicht aus dem Auge zu verlieren, das ist in meinen Augen ein wichtiger Impuls dieser Tage der Vorbereitung auf das Osterfest. Denn allzu leicht drängen sich ja die oft so lauten Stimmen des Misserfolgs in den Vordergrund. Nicht nur notorische Pessimisten können auf viele Belege dafür verweisen, dass das Leben zum Scheitern bestimmt und alles sinnlos sei.

Christen sehen tiefer. Sie dürfen auf die Gewissheit von Ostern bauen. Sie sind nicht allein in dieser Welt und sie sind auch nicht von einem blinden Zufall abhängig. Christen können leben in der Gewissheit von Ostern und aus dieser Verheißung auch für ihr eigenes Leben Kraft schöpfen.

Miteinander unterwegs

Die Tage der Vorbereitung auf Ostern haben für gläubige Menschen eine besondere Bedeutung. Die liturgische Farbe ist violett. Dies weist auf den Bußcharakter dieser Tage hin. Viele nehmen diese Wochen sehr ernst und verzichten auf Süßigkeiten, auf Alkohol oder andere Annehmlichkeiten. Solche persönlichen Opfer sind ein Zeichen dafür, dass einer sich auf das Wesentliche konzentrieren und frei werden möchte von so manchen Abhängigkeiten.

Solche persönlichen Vorsätze und Anstrengungen sind eine Seite unseres Weges auf das Osterfest hin. Eine zweite Seite scheint mir jedoch mindestens ebenso wichtig. Keiner von uns geht seinen Weg nach Ostern ja allein. Wir sind miteinander unterwegs, miteinander als Kirche, als Gemeinschaft derer, die an Christus glauben und ihm nachfolgen.

In der heiligen Schrift lesen wir immer wieder, wie Jesus zusammen mit seinen Jüngern nach Jerusalem geht. Diese kleine Gruppe von Menschen, man könnte auch sagen, die erste kirchliche Gemeinschaft geht zusammen. Nicht jeder für sich allein.

Daran hat sich bis heute nichts geändert. Zu allen Zeiten ist die Kirche eine Weggemeinschaft. Wie in jeder Gemeinschaft, so gibt es auch in der Kirche einige, die ein wenig schneller gehen können und wollen, während andere lieber ausruhen und am Wege sitzen bleiben möchten. Auch in der Gemeinschaft Kirche gibt es einige, die hoffnungsfroh nach vorne blicken und es gibt die anderen, die resigniert haben, entmutigt sind und nicht mehr viel von der Zukunft erwarten.

Ich halte das nicht für schlecht, ich meine vielmehr, dass das auch eine große Chance für jeden Einzelnen ist. Ob einer jung ist oder alt, ob einer müde oder ausgeruht, voll neuer Ideen oder in Sorge um das vertraute Alte, jeder hat seinen Platz und eine wichtige Aufgabe. Er kann etwas für die anderen tun und er kann von anderen für sich etwas übernehmen. Wer müde und mutlos geworden ist, kann sich stützen und mitreißen lassen von denen, die Kraft haben und voller Optimismus nach vorne stürzen und gerade für die Hitzköpfigen in einer Gruppe ist es gut, wenn es auch die Bedächtigeren und Ruhigeren gibt, die abwarten können und das Ungestüm der anderen bremsen.

Miteinander unterwegs sein, das ist zwar gelegentlich sehr mühsam und das kostet viel Einfühlungsvermögen, aber dieses Miteinander bereichert alle. Miteinander als Kirche nach Ostern unterwegs zu sein, das ist die Aufgabe der Kirche und zugleich unsere Hoffnung, die wir zu dieser Kirche gehören. Gerade in Augenblicken persönlicher Niedergeschlagenheit dürfen wir uns mitnehmen lassen von den Glaubenshoffnungen unserer Weggefährten und manchmal sind es dann wir selber, an denen sich andere aufrichten und stärken können.

Dazu braucht es meist gar nicht viele Worte. Eine Gemeinschaft trägt den Einzelnen allein durch die Erfahrung, dass die anderen da sind und man sich selber nicht allein gelassen fühlt. Ich glaube es ist gut, wenn wir gerade in diesen Wochen vor Ostern auf andere schauen und merken, dass sie mit uns unterwegs sind und wir zusammen unserem Ziel entgegengehen.

Das Kreuz: Ende und Neubeginn

„Unterwegs nach Ostern", so lassen sich die Wochen vor Ostern überschreiben. „Unterwegs nach Ostern", das ist das Ziel der Kirche und das Ziel eines jeden Menschen, auch wenn einer nicht gerade in den Wochen der Vorbereitung auf dieses Fest steht. Ganz gleich, ob einer daran denkt oder nicht, immer zielt unser Leben auf Ostern hin.

Vielleicht überrascht diese Behauptung, denn normalerweise wird sich wohl kaum jemand an Ostern erinnern, wenn er über den Sinn und das Ziel seines Lebens nachdenkt. Da sind ganz andere Dinge maßgebend. Konkrete Planungen und Vorhaben etwa, Berufswünsche oder auch die Hoffnung auf persönliche Erfolge, auf Glück im Leben. Und wenn man wirklich einmal ganz grundsätzlich nachdenkt, dann steht die unumstößliche Gewissheit des eigenen Todes vor einem jeden Menschen.

Als junger Mensch kommt einem diese Tatsache meist eher theoretisch vor. Man weiß, dass man einmal sterben muss, dieses Wissen aber beunruhigt normalerweise kaum. Schließlich darf man ja noch viele Jahre erwarten. Wenn einer aber älter wird, wenn Altersgenossen sterben und man immer öfter am Grab von Freunden oder Bekannten steht, die nicht so alt wurden, wie man selber bereits ist, dann beschleichen einen immer häufiger die Gedanken an das eigene Lebensende.

Christen können dieses Ende auch Ostern nennen, denn Ostern, das ist zuerst einmal der Karfreitag mit dem Kreuz und dem Tod Jesu. Dieses Kreuz wurde Jesus aufgezwungen. Die Machthaber seiner Zeit ließen ihn umbringen, weil seine Botschaft vom Gott des Lebens nicht in ihr Konzept passte. Jesus störte. Mit diesem Störenfried wollten sie Schluss machen und so wurde er hingerichtet.

Gottes Geschichte mit den Menschen kam dadurch aber nicht zum Abschluss. Gottes Geschichte mit uns geht auf ganz unerwartete Weise nach dem Karfreitag weiter. Das Kreuz sollte das absolute und sichere Ende bringen. Gott aber durchkreuzte diese menschliche Gewissheit.

Auch das ist Ostern: Gottes Neubeginn gerade dort, wo der Mensch zu Ende ist, wo der Mensch an sein Ende kommt. Worte müssen hier versagen, Zeichen können uns weiterhelfen, vor allem das Kreuz selber. Wer es anschaut, der sieht, wie zwei Richtungen sich hier durchkreuzen: die senkrechte und die waagrechte. Der senkrechte Balken steht wie ein eindeutiges Halt quer zum waagrechten. Die alte Richtung ist zu Ende, sie geht nicht weiter, die senkrechte Linie versperrt den Weg. Aber sie versperrt nicht nur den Weg, sie weist zugleich in eine neue Richtung.

Genau das ist Ostern: Ende und Neubeginn. Das Ende dessen, was ein Mensch vermag; das Ende unserer Möglichkeiten, das Ende auch all unserer

Hoffnungen. Das ist der eine Balken des Kreuzes. Der andere Balken aber kündet von dem Neuen, das Gott an Ostern im Kreuz Jesu Christi wirkt.

Mk 10,32-52

Ein kleiner Abschnitt des Markus-Evangeliums, die Verse 32 bis 52 des 10. Kapitels, lesen sich wie ein geistlicher Reiseführer für jemanden, der auf seiner Lebensreise mehr sucht als schöne Urlaubserlebnisse. Ich lade Sie ein, sich in diesem Kapitel den Jüngern anzuschließen und mit ihnen Jesus auf seinem Weg hinauf nach Jerusalem zu begleiten. Jesu Weg kann so zu unserem eigenen Weg werden

nach Jerusalem hinauf (Mk 10,32-34)

„Während sie auf dem Weg hinauf nach Jerusalem waren, ging Jesus voraus. Die Leute wunderten sich über ihn, die Jünger aber hatten Angst. Da versammelte er die Zwölf wieder um sich und kündigte ihnen an, was ihm bevorstand. Er sagte: Wir gehen jetzt nach Jerusalem hinauf; dort wird der Menschensohn den Hohenpriestern und den Schriftgelehrten ausgeliefert; sie werden ihn zum Tod verurteilen und den Heiden übergeben; sie werden ihn verspotten, anspucken, geißeln und töten. Aber nach drei Tagen wird er auferstehen." (Mk 10,32-34)

Wir alle sind unterwegs nach Ostern in einem doppelten Sinn. Da ist zunächst einmal die zeitliche Bedeutung. Jedes Jahr lädt die Kirche in den Wochen vor Ostern ein zur geistlichen Vorbereitung dieses Festes. Heute noch werden diese Wochen „Fastenzeit" genannt, obwohl kaum noch jemand in dieser Zeit ernstlich fastet. Einige tun es vielleicht ihrer Gesundheit zuliebe, andere verzichten auf Überflüssiges und bemühen sich, Opfer zu bringen, die gerade dann Sinn machen, wenn mit dem Ersparten anderen geholfen werden kann, denen es nicht so gut geht. Für die allermeisten aber ist die Fastenzeit eine

Zeit wie jede andere auch und bekommt eine gewisse Prägung höchstens durch die Vorfreude auf einige Urlaubstage, die das Osterfest allen verheißt, ganz gleich, wie sie selbst zu Ostern stehen.

„Unterwegs nach Ostern“ hat aber noch eine zweite Bedeutung. Sie erinnert uns daran, dass wir Ostern nicht nur vor uns haben, sondern auch in der Gewissheit leben, dass Ostern sich ereignet hat. Ostern ist geschehen. Christen leben im Licht der Ostererfahrung, in der Zuversicht, dass Ostern alles verändert hat und seither die Quelle ist, aus der Glaubende Hoffnung schöpfen können, jeden Tag neu, jeden Tag, den sie in der Nachfolge Christi gestalten. Das ist heute freilich nicht mehr so selbstverständlich wie früher. Die Kirche hat die Deutungshoheit über unsere Wirklichkeit verloren, die Lebenswelten und damit die Sinnangebote sind sehr vielfältig geworden, viele Wertsysteme und Weltanschauungen konkurrieren miteinander und verlangen von jedem, sich zu entscheiden. Die Kirche und ihr Weg wird dabei immer mehr zum Außenseiter.

Selbst so mancher Kirchentreue fragt sich voller Sorge: Wohin steuert die Kirche eigentlich? Das Konzil liegt weit zurück, seine Impulse sind erlahmt, die von ihm geweckte Begeisterung ist praktisch vergessen. Äußerlich gesehen nimmt die Zahl derer ab, die Gottesdienste mitfeiern, dafür steigen die Zahlen derer, die sich ganz von der Kirche verabschieden und austreten. Der Priestermangel zwingt zu strukturellen Reformen, Gemeinden müssen zusammengelegt werden. Die Zeichen einer bevorstehenden Krise werden immer unübersehbarer. Ich sehe das allerdings nicht nur negativ, für mich sind Krisen auch Chancen. Sie erinnern daran, dass der Weg nach Ostern auch damals für Jesus und seine Jünger keine bequeme und breite Straße war, sondern ein steiniger und zum Teil auch ziemlich steiler Pfad, von dem stellenweise nur noch Spuren zu erkennen waren.

In dem kurzen Text am Beginn dieses Abschnitts war zu lesen, dass Jesus auf diesem Weg vorangeht. Die Jünger folgen ihm mehr oder weniger überzeugt, eher wohl ängstlich und verzagt. Sie müssen diesen Weg allerdings nicht selber bahnen, sie dürfen nachgehen in der Spur, die Jesus ihnen eröffnet. Auch das heißt Nachfolge: nicht mühsam erst einen Weg suchen müssen, sondern sich verlassen können auf den, der diesen Weg gefunden hat und der versprochen hat, dass sein Weg weiter führt, einen Ausweg weist und damit eine echte Alternative ist zu den vielen Irrwegen dieser Welt.

Der Weg nach Jerusalem ist kein Sonntagsspaziergang, darum staunen die Jünger und die Nachfolgenden fürchten sich, wie Markus eigens erwähnt. Jesus weiß, was ihm bevorsteht und er verheimlicht dies seinen Jüngern nicht. Er kündet ihnen sein Leiden an und geht diesen Weg trotzdem, obwohl er weiß, was ihn in Jerusalem erwartet. Jesus kann diesen Weg gehen, weil er sich gehalten und gestärkt weiß von seinem Vater und dem göttlichen Geist. Bei der Taufe war dieser auf Jesus herabgekommen und hatte ihn anschließend in die Wüste geführt. In diesem Geist hatte Jesus verkündet und die Leute hatten sich über diese neue Lehre voller Macht gewundert (vgl. Mk 1,27); der Macht dieses göttlichen Geistes mussten die unreinen Geister gehorchen (vgl. Mk 1,27) und in der Kraft dieses Geistes hatte Jesus machtvolle Taten gewirkt, über die die Menschen nur noch staunen konnten (vgl. Mk 2,12). Jesus stand in enger Verbindung mit seinem Vater. Immer wieder zog er sich zum einsamen Gebet mit ihm zurück und diese Beziehung schenkte ihm die Kraft, standzuhalten.

Jesu Weg nach Jerusalem ist der Weg jedes Christen und zugleich unsere Verheißung. Er führt nicht nur einmal in Leiderfahrungen Schmerzen, Zweifel und Versuchungen und er führt uns immer wieder auch hindurch. Jede Enttäuschung bringt der Wahrheit ein Stück näher. Jede Ostererfahrung, jede durchlittene Krise ist eine kleine persönliche Sternstunde, die uns ermutigt, das österliche Licht in und hinter den Kreuzen unseres Lebens zu sehen.

das Unverständnis (Mk 10,35-41)

„Da traten Jakobus und Johannes, die Söhne des Zebedäus, zu ihm und sagten: Meister, wir möchten, dass du uns eine Bitte erfüllst. Er antwortete: Was soll ich für euch tun? Sie sagten zu ihm: Lass in deinem Reich einen von uns rechts und den andern links neben dir sitzen. Jesus erwiderte: Ihr wisst nicht, um was ihr bittet. Könnt ihr den Kelch trinken, den ich trinke, oder die Taufe auf euch nehmen, mit der ich getauft werde? Sie antworteten: Wir können es. Da sagte Jesus zu ihnen: Ihr werdet den Kelch trinken, den ich trinke, und die Taufe empfangen, mit der ich getauft werde. Doch den Platz zu meiner Rechten und zu meiner Linken habe nicht ich zu vergeben; dort werden die sitzen, für die diese Plätze bestimmt sind. Als die zehn anderen Jünger das hörten, wurden sie sehr ärgerlich über Jakobus und Johannes." (Mk 10,35-41)

Jesus sieht sein schreckliches Ende kommen, trotzdem läuft er nicht davon. Er geht mit seinen Jüngern den Weg nach Jerusalem hinauf, der in seinen Kreuzweg münden wird. Die Jünger wissen es. Jesus hat ihnen mehrfach angekündigt, was ihm bevorsteht, verstanden haben sie freilich nichts. Dies zeigt der Evangelist durch die Bitte der beiden Söhne des Zebedäus. Jesu Schicksal scheint sie nicht zu interessieren, ihre eigene Karriere ist ihnen wichtiger. Es wäre allerdings ein Trugschluss, anzunehmen, dass Johannes und Jakobus besonders stumpfsinnig oder abgebrüht waren. Der Evangelist will nicht diese beiden anprangern, sondern auf ein grundsätzliches Problem aller Jünger hinweisen: Sie verstehen nichts und sind blind für die Weise, durch die Gott die Welt erlösen möchte. Dieses Unverständnis zeigt sich besonders an den drei Stellen, an denen Jesus sein Leiden ankündigt. Beim ersten Mal ist es Petrus, der von einem leidenden Messias nichts wissen will (vgl. Mk 8,32); nach der zweiten Leidensankündigung streiten sich dann alle Jünger darüber, wer von ihnen der Größte ist (vgl. Mk 9,34) und nach der dritten Leidensankündigung sind es nun Johannes und Jakobus, die uns den Spiegel vorhalten, in dem jeder erkennen kann, wie schwer, ja wie unmöglich das anzunehmen ist, was Gott uns hier zumutet: an einen Erlöser zu glauben, der selber leiden muss.

Zumutungen können verunsichern und mutlos machen, sie können aber auch ermutigen. Hier mutet sich Gott allerdings zunächst einmal selber etwas zu. Er lässt nicht andere leiden, er leidet selber; er gibt nicht aus der Ferne gute Ratschläge, er geht voraus und bahnt selbst den Weg; und er nimmt Schmerzen, Leid und den Tod an, das also, was jeder möglichst weit von sich wegschieben möchte. Gott sagt nicht: „Du musst es halt wagen!“, er wagt es selbst. Das aber bedeutet dreierlei: 1. Leben gelingt nicht, wo Leiden und Schmerzen verdrängt werden. Eine Spaß-Gesellschaft will davon nichts wissen, Gott aber geht gerade diesen Weg. 2. Leben gelingt nicht, wo einer es machen will. Man kann zwar viel machen, die Wirklichkeit aber ist viel größer. Selbst das allgegenwärtige, allwissend scheinende und ständig mächtiger werdende Internet kann bestenfalls eine virtuelle Welt erschaffen, niemals aber eine wirkliche und 3. schließlich zeigt sich hier, was „Nachfolge“ bedeutet. Dass nämlich jemand nicht eigenmächtig seinen Weg geht, sondern vertrauensvoll nachfolgt und nicht redend, sondern hörend, im Gehorsam auf Gottes Weisung Orientierung sucht.

Dies mussten die Jünger damals und das muss jeder Jünger zu allen Zeiten lernen. Jeder wehrt sich zunächst dagegen. Er sucht das Glück und nicht das

Leid, er möchte lieber gestalten statt erdulden. Das ist an sich auch richtig, aber es ist nicht die ganze Wahrheit und hier möchte uns das Evangelium die Augen öffnen. Es kann schließlich nicht im Sinn Gottes sein, dass einige wenige sich durchsetzen auf Kosten vieler anderer. Freude und Glück sind nicht nur für die Starken, die Klugen oder die Rücksichtslosen, auch Schwache, Alte, Kranke haben ein Recht darauf. Hier erweist sich Jesu Weg als rettende Alternative. Es ist der Weg der Liebe, die nicht gegen, sondern für andere handelt und darum auch denen eine Chance gibt, die sich diese nicht selbst erkämpfen können.

Diesen Weg kann jeder lernen. Dazu lädt uns Jesus ein. Er hilft uns auch dabei und hat Geduld auch mit dem, der erst allmählich fähig wird, diesen Weg zu gehen. Hier denke ich etwa an Petrus, der sich in der Nacht auf dem See (vgl. Mt 14,30) und ebenso auch in der Nacht im Hof des Hohenpriesters (vgl. Mt 26,69ff) als unzuverlässig und kleingläubig erwiesen hatte und der wahrlich kein Muster an Tugend und Weisheit war. Petrus aber liebte seinen Herrn. Er vertraute ihm und wagte es, seine Schwäche zuzugeben und zu bereuen. Das aber ist entscheidend, denn Gott braucht weder seine Stärke noch seinen Verstand, er braucht sein Herz, nicht mehr und auch nicht weniger! Und das gilt für jeden Petrus.

die Kraft des Dienens (Mk 10,42-45)

„Da rief Jesus sie zu sich und sagte: Ihr wisst, dass die, die als Herrscher gelten, ihre Völker unterdrücken und die Mächtigen ihre Macht über die Menschen missbrauchen. Bei euch aber soll es nicht so sein, sondern wer bei euch groß sein will, der soll euer Diener sein, und wer bei euch der Erste sein will, soll der Sklave aller sein. Denn auch der Menschensohn ist nicht

gekommen, um sich dienen zu lassen, sondern um zu dienen und sein Leben hinzugeben als Lösegeld für viele." (Mk 10,42-45)

Wie bei den vorhergegangenen beiden Leidensankündigungen Jesu so folgt auch auf die dritte ein Beleg für das Unverständnis der Jünger und daran schließt sich eine Belehrung Jesu an. Hier geht es um die Kraft des Dienens. Jesus geht dabei von der Erfahrung aus, dass viele größer sein wollen als die anderen, über ihnen stehen wollen und nicht neben oder gar unter ihnen. Damals in Babel war es ein Turm, mit dem man sich einen Namen machen wollte und dabei feststellen musste, dass man sich plötzlich nicht mehr verstand. Diese Geschichte hat sich seither unzählige Male wiederholt. Größer, höher, schneller, weiter....auf der Strecke bleibt bei diesem Streben sehr schnell der Blick für den anderen und auch der Blick auf das, was einer selber braucht und was ihm gut tut. Ehrgeiz ist gesund und ein wichtiger Anreiz, mehr aus sich zu machen und nicht zu früh selbstzufrieden stehen zu bleiben oder aufzugeben. Aus dem gesunden Streben kann allerdings sehr schnell eine ungesunde Sucht werden, die einen dazu bringt, nur noch an sich zu denken und auf Kosten anderer immer weiter nach oben kommen zu wollen. So aber siegen die wenigen Starken und Raffinierten, die vielen Schwächeren und Rücksichtsvolleren aber werden hoffnungslos an die Wand gedrückt.

Jesus ging einen anderen Weg und ihn sollen auch Jesu Jünger gehen, zu allen Zeiten.. Der zentrale Begriff ist dabei mit den Worten „dienen" und „Diener" umschrieben. Beide Worte klingen heute sehr abgenützt und verbraucht und zudem handelt es sich nur selten tatsächlich um einen Dienst, wenn etwas so bezeichnet wird. Zwar spricht man in der Kirche sehr häufig vom Dienen, dennoch aber kann man sich hin und wieder des Eindrucks nicht erwahren, dass es so manchem „Diener" mehr um Macht und eigene Ehre geht, ohne dies freilich zuzugeben. In der Welt ist es nicht anders. Kaum ein Minister wird tatsächlich als Diener wahrgenommen und der heute überall anzutreffende Begriff „Service“ lässt zu Recht fragen, wer hier eigentlich wem dient. Meist kostet so ein Service ziemlich viel und allein das ist mehr als bezeichnend. Oder wer versteht heute noch seinen Beruf als Berufung, als Dienst für andere?

Dienen hat das Image von etwas Zweitklassigem und Demütigendem. Übersehen wird dabei, dass ein echter Dienst eine befreiende Kraft entfaltet, die dem zugute kommt, dem jemand dient und die auch dem Dienenden selbst alles andere als schadet. Biblische Bilder können helfen, dies zu erkennen. Der gute Hirte zum Beispiel, der sich um die kümmert, die ihm anvertraut sind und der konkret wird in Eltern, die für ihre Kinder sorgen, in Ehepartnern und Freunden, die füreinander da sind oder auch in Ärzten, Pflegern und Schwestern in Krankenhäusern und Altenheimen, die sich für jene einsetzen, die sich ihnen anvertrauen müssen. Dieser gute Hirte ist ein Bild für jeden Liebenden, der nicht zuerst nach dem eigenen Vorteil fragt und trotzdem immer wieder feststellen wird, dass er dabei nicht zu kurz kommt. Dienen setzt jene Kräfte frei, die aus der Liebe stammen und die wie die Sonne Licht und Wärme schenken. Als Zeuge dieser Kraft ist Jesus gekommen. Durch ihn können wir leben und in seiner Nachfolge selbst diese Kraft bezeugen, die das Leben aufblühen lässt.

seinen Weg finden (Mk 10,45-52)

„Sie kamen nach Jericho. Als er mit seinen Jüngern und einer großen Menschenmenge Jericho wieder verließ, saß an der Straße ein blinder Bettler, Bartimäus, der Sohn des Timäus. Sobald er hörte, dass es Jesus von Nazaret war, rief er laut: Sohn Davids, Jesus, hab Erbarmen mit mir! Viele wurden

ärgerlich und befahlen ihm zu schweigen. Er aber schrie noch viel lauter: Sohn Davids, hab Erbarmen mit mir! Jesus blieb stehen und sagte: Ruft ihn her! Sie riefen den Blinden und sagten zu ihm: Hab nur Mut, steh auf, er ruft dich. Da warf er seinen Mantel weg, sprang auf und lief auf Jesus zu. Und Jesus fragte ihn: Was soll ich dir tun? Der Blinde antwortete: Rabbuni, ich möchte wieder sehen können. Da sagte Jesus zu ihm: Geh! Dein Glaube hat dir geholfen. Im gleichen Augenblick konnte er wieder sehen, und er folgte Jesus auf seinem Weg." (Mk 10,45-52)

In der Begegnung zwischen Jesus und dem blinden Bettler kommt der kleine Abschnitt Mk 10,32-52 zu seinem Höhepunkt. Bisher war sehr viel die Rede von Sehenden, die sich allerdings als blind erwiesen für Jesu Weg. Sie gehen zwar mit Jesus mit, verfolgen aber doch ihre eigenen Ziele. Nun aber hören wir von einem Blinden, dem aufgeht, worauf es ankommt und der am Ende in der Lage ist, Jesus auf seinem Weg nachzufolgen. Diese Geschichte ist weit mehr als eine Wundergeschichte unter anderen, sie erzählt davon, wie jemand in die Nachfolge Jesu findet, ein Christ wird.

Unverkennbar ist diese Erzählung als Kontrastgeschichte zu der kurzen Szene vorher gestaltet. Johannes und Jakobus wollten etwas von Jesus, ebenso wie der blinde Bartimäus. Es ist kein Zufall, dass Markus die Frage Jesu an die beiden Jünger im Blick auf Bartimäus lediglich in die Einzahl setzt, sie ansonsten aber wortwörtlich wiederholt: „Was wollt ihr / willst du, dass ich euch /dir tun soll?" Grundverschieden freilich sind die Bitten. Der Behinderte schreit seine Not hinaus. Er will wirklich sehen und ist bereit zur Veränderung. Die beiden Jünger aber schreien nicht, sie sind in keiner Krise, sie meinen zu sehen, obwohl sie in Wirklichkeit blind sind.

Eindrucksvoll ist auch die Dynamik dieser Geschichte. Das ist einerseits die

Menge. Gesunde Leute, die miteinander gehen und da ist der eine, der Blinde. Er sitzt allein am Rande. Er stört. Allein schon durch seinen Anblick und dann auch noch durch sein Geschrei. Keiner aber lässt sich gerne stören. Darum will man den Störenfried schnell zum Schweigen bringen. Das war damals in Jericho nicht anders als zu allein Zeiten überall auf der Welt. Der Blinde aber bleibt hartnäckig, seine Hoffnung auf Jesus und sein Vertrauen in ihn lassen ihn nicht verstummen. Da bekommt er plötzlich Unterstützung und wagt es, seinen Mantel, den einzigen und letzten Schutz, der ihm geblieben ist, wegzuwerfen und auf Jesus zuzustürzen. Sein Glaube hat ihn geheilt, so deutet Jesus dieses Ereignis und dieser Glaube zeigt Bartimäus den Weg: er folgt Jesus nach.

voller Hoffnung unterwegs (Mk 10,32-52)

Als die Jünger damals mit Jesus nach Jerusalem hinaufzogen, da konnten sie trotz aller Andeutungen durch Jesus nicht ahnen, dass sie viel mehr zu ihrem Ziel hatten als das religiöse Zentrum des Judentums. Für uns heute ist Ostern jenes Ereignis, das alles veränderte und das zur bleibenden Verheißung eines jeden Glaubenden wurde und das seither jeden Weg prägt, den Menschen in der Nachfolge Christi gehen. Auch heute ist ein Glaubender unterwegs zu seinem Jerusalem. Dabei wissen wir, dass jedes Leben in dieser Welt im Tod sein Ende findet. Dagegen wehren wir uns. Wir wollen leben, nicht sterben. Und doch ist uns der Tod zugemutet, ganz gleich, ob einer glaubt und was einer glaubt. Ostern aber hat diese Gewissheit zerbrochen, den Tod selber getötet, seine Kraft gebrochen. Der Tod ist nicht mehr das absolute Ende, er ist zum Tor in die Vollendung geworden.

Davon können wir nur noch in Bildern sprechen, wie es auch die heilige Schrift in ihren Osterzeugnissen tut. Da ist zunächst einmal das zerbrochene Grab, das die Frauen in aller Frühe, als eben die Sonne aufging entdecken (vgl. Mk 16,2ff). Nicht irgendwo, sondern am Grab, im Zentrum ihrer Not, erfahren sie das Neue. Voller Entsetzen und Furcht rennen sie davon, zu groß und zu überraschend ist ihre Entdeckung. Noch können sie nichts damit anfangen, aber sie und alle Jünger werden hineingenommen in diese neue Wirklichkeit, wenn sie „nach Galiläa gehen" und Jesu Spuren folgen, immer und immer wieder. Oder da ist dann die Erfahrung der Jünger, die sich enttäuscht abwenden von Jerusalem, ihre Hoffnungen begraben und in ihrer Verzweiflung sich dem Fremden öffnen, der ihnen ihr Herz aufschließt und sich beim abendlichen Mahl zu erkennen gibt.

Diese und ähnliche Geschichten weisen den Weg. Vielleicht ist es heute ein sonniger Frühlingstag, der einen Gottes Spuren in der Natur ahnen lässt; vielleicht hilft eine erfüllte Begegnung, Gott im anderen zu erfahren; möglicherweise ist es auch mitmenschliche Solidarität, die einen Gott im Nächsten entdecken lässt (vgl. Mt 25,31ff); manchmal kann es auch eine bestandene Gefahr sein, wodurch Gott als Retter erfahren wird wie es einst Israel bei seinem Auszug aus Ägypten widerfuhr. Es gibt viele Wege, dem Auferstandenen zu begegnen, denn er ist nicht fortgegangen aus dieser Welt. Er ist bei und mit uns in frohen Stunden ebenso wie auch in schweren.

Ostern ermutigt uns, mit Gott zu rechnen auch in unserem Alltag und unseren Weg zu gehen in der Zuversicht, dass er Ostern zum Ziel hat und dass dieses Ostern kein Ende ist, sondern der Beginn. Es gibt viele Gründe aufzugeben und zu resignieren, der entscheidende Grund dagegen ist jedoch, dass Resignation keiner der vielen Namen Gottes ist. Gott gibt niemals auf, er fängt immer wieder neu an, auch mit jedem Menschen.

Tod

Gedanken zum Tod haben ihren Platz nicht nur im Monat November, dem sprichwörtlichen Todesmonat, oder dann, wenn jemand davon direkt betroffen ist durch den Tod eines Angehörigen oder nahen Freundes. Der Tod gehört zum Leben und wie das Leben bleibt er unser ständiger Begleiter. Das scheint ein Widerspruch und wird darum häufig verdrängt. Die Gedanken dieses Kapitels möchten ermutigen, den Tod aus seiner Vergessenheit herauszuholen, ihn anzuschauen und ihm Platz zu geben in unserem eigenen Leben, nicht als Angst verbreitendes Ungeheuer, sondern als heilende und zur eigenen Wahrheit führende Kraft.

die Wirklichkeit unseres Lebens

An nebeligen und düsteren Novembertagen denken viele Menschen häufiger als sonst an den Tod und das Sterben. Das hängt sicher auch mit der Jahreszeit zusammen. Die Tage werden kürzer, die Nächte dehnen sich aus; das Wetter ist häufig grau und düster und in der Natur erinnert uns ebenfalls alles an das Ende. Der Tod ist vielen Menschen in diesen Tagen näher als sonst. So manchem ist das gar nicht recht. Er will leben. Er hofft, noch viele Jahre vor sich zu haben. Er möchte sie nach Möglichkeit auskosten und in vollen Zügen genießen. Der Tod hat dabei nichts zu suchen. Bereits der Gedanke an ihn ist unsympathisch und erschreckt.

Ein Blick in die Natur kann etwas Anderes lehren. Die Natur grenzt den Tod nicht aus, für sie gehört er dazu. Pflanzen, Sträucher und Bäume können nicht nur wachsen und blühen, sie müssen auch wieder absterben und vergehen. Auch der stärkste und mächtigste Baum wird eines Tages seine Kraft verlieren und zu Boden stürzen. Seine Gestalt löst sich auf, das Holz vermodert, die Wurzeln verfaulen und an seiner Stelle wird etwas anderes wachsen. Die Natur zeigt uns, dass alles Sterben und Vergehen nicht Vernichtung heißt, sondern Verwandlung. Was da wie tot am Boden liegt, das ist in Wahrheit voller Leben und das bildet die Grundlage zu neuem, verändertem Blühen und Wachsen.

Der Mensch aber kann den Tod nicht so selbstverständlich hinnehmen, er wehrt sich gegen ihn, er will ihn nicht wahrhaben. Wir sehnen uns nach Leben, wir jagen ihm nach, der Tod erscheint uns als der schlimmste Feind unseres Lebenshungers. Die Natur zeigt uns einen anderen Weg. Für sie gehört das Vergehen zum Blühen und Gedeihen dazu. Das eine ist so etwas wie die helle Vorderseite der Wirklichkeit, das andere ihre dunkle Rückseite. Beides aber gehört zusammen, das Blühen und das Verblühen. Was heranwächst und stark wird, das muss auch wieder schwach werden und vergehen. Das eine ist nicht ohne das andere möglich. Beides zusammen, der junge Trieb und der abgestorbene Baum bilden die eine Wirklichkeit und diese Wahrheit der Natur ist auch unsere eigene Wahrheit.

Das Leben ist nicht ohne den Tod zu haben, der Tod gehört zum Leben. Wem diese Wahrheit aufgeht und wer sich auf sie einlässt, der spürt: Das Leben wird dadurch nicht schwächer, es wird vielmehr dichter und tiefer. Nur wer den Tod anschaut kann das Leben erblicken. Wer vor dem Tod davonläuft, der läuft in Wahrheit auch vor dem Leben davon. Darum ist es gut, wenn wir dem Gedanken an den Tod standhalten, wenn der Mensch auch an seinen eigenen Tod denkt und zwar nicht deshalb, weil er seines Lebens bereits überdrüssig geworden ist, sondern gerade deshalb, weil er sein Leben liebt. Wenn es stimmt, dass der Tod die Kehrseite des Lebens ist, dann gilt genauso auch umgekehrt, dass die andere Seite des Todes das Leben ist.

Verhängnis oder Verheißung?

Im November häufen sich die Tage, die uns an den Tod erinnern. Von Allerseelen angefangen über den Volkstrauertag und den früher so genannten Totensonntag werden wir mit jener Wirklichkeit konfrontiert, die einerseits so sicher ist wie keine andere, mit der wir aber andererseits möglichst wenig zu tun haben wollen. Der Tod ist für den Menschen das Verhängnis schlechthin. Normalerweise versuchen wir ihn wegzuschieben und die Medizin tut das Ihre, uns dabei zu helfen. Das ist auch richtig so und es wäre schlimm, wenn der Mensch nicht all seine Kraft, sein Wissen, seine Fähigkeiten und sein ganzes Vermögen einsetzen würde, das Leben zu schützen, es zu stärken und zu bewahren. Für das Leben ist kein Preis zu hoch. Und doch: Ist der Tod nur Verhängnis, ist er nur der Feind des Lebens?

Ich erlebe gelegentlich, dass Menschen zu mir kommen und zu mir sagen: „Der Tod hat meinen Vater, meine Mutter nach langer und schwerer Krankheit erlöst." Oder: „Nach einem langen und erfüllten Leben ist unsere Oma von uns gegangen." In solchen Erfahrungen bekommt der Tod ein anderes Gesicht. Der Schrecken über ihn und die Angst vor ihm bleiben und doch ahnen wir: hier kündigt sich mehr an. Der Tod löst Menschen aus ihrer Umgebung, aus ihren Beziehungen, aus ihrer Heimat. Das tut weh, das macht traurig und lässt uns trauern. Der Tod löst aber nicht nur von all dem Schönen, er erlöst auch von allem, was einen Menschen belastet, ihn einschränkt, ihn am Leben hindert.

Aber das ist noch nicht alles! Christen können noch einen kleinen aber entscheidenden Schritt weitergehen. Im Blick auf Christus und auf sein Leben und Sterben darf ein Christ nicht nur sagen: Der Tod befreit einen Menschen von den Lasten seines Daseins, er darf auch sagen: Der Tod befreit ihn zum vollen Leben, zu einem Leben in der Fülle und in der Nähe dessen, der das Leben selber ist.

Der Tod ist nicht nur ein Verhängnis, er ist noch viel mehr eine Verheißung, eine Verheißung dessen, der uns gesagt hat: „Wer an mich glaubt, der wird leben, auch wenn er stirbt“ (Joh 11,25). Jesus sagt dies im Johannes-Evangelium nicht in einer fröhlichen Runde, sondern zu Martha, der Schwester des eben verstorbenen Lazarus. Im Angesicht des Todes, mitten in die Trauer der Menschen hinein spricht Jesus dieses Wort und weist damit auf etwas hin, das der trauernde Mensch in seinem Schmerz nicht sehen kann. Für ihn ist eine Welt zusammengebrochen, ein Weg zu Ende, die Finsternis undurchdringlich.

„Wer an mich glaubt, wird leben, auch wenn er stirbt“. Dieses Wort ändert nichts an der Macht des Todes, es nimmt ihm nicht seinen Schrecken. Er bleibt das Verhängnis, unter dem wir alle stehen. Jesu Wort aber fügt diesem Verhängnis das Entscheidende hinzu: die Verheißung von etwas Neuem, das der Tod nicht zerstören kann. Für den Glaubenden ist der Tod nicht nur das absolute Ende, er ist auch der absolute Anfang.

Diese Verheißung dürfen wir mithören in all den düsteren Klängen, die uns im sogenannten Totenmonat November umgeben. Der Tod ist nicht nur unser aller Verhängnis, seit Christus ist er auch unsere Verheißung.

Das Tor zum Leben

Im November werden wir von allen Seiten deutlicher als sonst an den Tod erinnert. In der Natur hat sich das Leben zurückgezogen, die Bäume haben ihr

Blätterkleid abgeworfen, die letzten Herbstblumen sind verblüht und Vieles ist tatsächlich abgestorben. Auch das Wetter passt in den Novembertagen häufig zu diesen Erfahrungen und lenkt die Gedanken vieler Menschen fast automatisch in Richtung Sterben und Tod. Nasskalte, nebelige Tage bestimmen diese Jahreszeit und verbreiten eher Schwermut und Traurigkeit als Lebensfreude und Lebenslust.

So mancher fühlt sich in diesen Wochen nicht recht wohl, denn die Botschaft dieser Zeit passt nicht zu seinen Hoffnungen und Wünschen. Er möchte leben, der Gedanke an den Tod stört; er macht Angst und lahmt. Ich kann das gut verstehen und ich finde es auch ganz normal, dass der Mensch lieber auf das blühende Leben schaut als auf das verwelkende und sterbende und doch gehört auch der Tod zum Leben. Ohne den Tod gibt es kein Leben, so paradox und widersinnig das auch klingt.

Ein Blick in die Natur kann uns die Augen öffnen für diese meist verdrängte Wahrheit. Für die Natur ist es selbstverständlich und im wörtlichen Sinn tatsächlich natürlich, dass nach dem Frühling und dem Sommer der Herbst und dann der Winter kommt. Wir sprechen vom Winterschlaf der Pflanzen und vieler Tiere und meinen damit, dass sich in dieser Ruhezeit die Lebenskräfte erholen, um danach wieder in voller Blüte zu erstehen. Was wie ein Sterben aussieht, das ist für die Natur in Wahrheit ein Erneuerungsprozess, in dem Altes und nicht mehr Lebensfähiges umgewandelt und jungem Leben zur Nahrung wird. Wenn Bäume ihre Früchte und Blätter nicht loslassen würden, dann könnten sie im Frühjahr keine neuen Blüten bilden und wären dadurch unfruchtbar, tot in einem ganz anderen und tieferen Sinn.

Beim Menschen ist es ähnlich. Auch er muss im Laufe seines Lebens immer wieder vieles loslassen und hergeben. Ihm wird häufig während seines ganzen

Lebens aufgezwungen, zu erleiden, was Tod bedeutet. Die kindlichen Träume und Zukunftshoffnungen müssen den Erfahrungen und Anforderungen der Realität weichen, wenn ein Mensch erwachsen wird. Immer wieder ist jeder gezwungen, Abschied zu nehmen von dem, was ihm lieb und wichtig geworden ist. Diese ganz selbstverständlichen Reifungsprozesse tun meist sehr weh, aber wir wissen alle, dass sie nötig sind, wenn ein Mensch weiterkommen und wirklich leben will.

Vieles muss immer wieder in unserem Leben sterben. Vieles mussten wir hergeben, dafür aber kam Neues in Sicht. Nicht immer waren wir damit einverstanden und wehrten uns gegen das, was uns zunächst fremd und feindlich schien. Jeder Verlust schmerzt und es braucht manchmal viele Jahre, bis jemand den Gewinn annehmen kann, der mit jedem Verlust verbunden ist. Wer sein Leben jedoch einmal ruhig in der Rückschau betrachtet, der kann an vielen Punkten seines Lebens die Chance erkennen, die in jedem Abschied liegt und dem kann aufgehen, was Tod auch ist: Nicht nur das Ende, sondern auch das Tor zum Leben. Das Sterben ist der Preis dafür, dass Neues werden kann.

die Nähe Gottes

Wir sind es gewohnt, Gott dort zu suchen und zu erfahren, wo das Leben in Blüte steht und sich voll entfaltet. Gott ist ein Gott des Lebens. Wo Leben ist, da ist er mitten drin. Dies ist für viele Menschen selbstverständlich und doch ist das bestenfalls die halbe Wahrheit.

Aus den Evangelien wissen wir, dass Jesus nicht nur dort war, wo Menschen in fröhlicher Runde zusammensaßen und miteinander Feste feierten. Dort ist

Jesus auch zu finden. Beim Gastmahl des Pharisäers Simon etwa oder bei der Hochzeit zu Kana hören wir von seiner Gegenwart. Viel häufiger aber lesen wir in der heiligen Schrift, dass Jesus dort ist, wo das Leben behindert ist: bei Kranken, bei Aussätzigen, bei den Menschen am Rande der Gesellschaft, ja sogar bei den Toten. Er, der Lebende, er, der die Fülle des Lebens verkörpert, er hat kein Scheu, dorthin zu gehen, wo dieses Leben schwach wird und an sein Ende kommt.

Er, der der Welt den Weg ins Leben öffnete, er brachte dieses Leben tatsächlich besonders für jene, die im Leben zu kurz gekommen waren, denen der Weg ins Leben versperrt war und die der Tod in mancherlei Gestalt bereits fest im Griff zu haben schien. Die heilige Schrift bezeugt diese Erfahrungen in den sogenannten Toten-Erweckungs-Geschichten und erzählt, wie Jesus die Tochter des Jairus, den jungen Mann in Nain und den Lazarus aus dem Tod zum Leben erweckt. Uns muten diese Geschichten sehr viel zu, sie passen nicht zu unseren Erfahrungen mit dem Tod, es fällt uns schwer, zu glauben, was hier von Jesus verkündet wird. Und doch gehören diese Zeugnisse zum Kern der christlichen Überlieferung. Sie zeigen uns, dass Jesu Botschaft den Tod nicht ausklammert, sondern einbezieht. Jesu Lebensruf kann selbst vom Tod nicht übertönt werden. Dort, wo alle Menschenworte kraftlos werden und verstummen müssen, dort behält Jesu Lebenswort seine Gültigkeit.

Menschen können diesem Wort vertrauen, sie dürfen sich ihm anvertrauen auch dort, wo einer selber nichts mehr vermag, denn Jesu Lebensweg macht nicht dort halt, wo die Not beginnt und das Leid. Jesus hielt sich nicht heraus aus den Dunkelheiten des menschlichen Lebens, er nahm sein Kreuz und seinen Tod auf sich. Darum ist er allen nahe, die wir er ans Ende kommen mit ihren Möglichkeiten, die keinen Ausweg mehr sehen und sich alleingelassen fühlen, weil niemand ihnen mehr helfen kann.

In Jesus Christus zeigte uns Gott, dass er uns nicht allein lässt und dass er uns auch dort noch nahe ist, wo kein Mensch uns mehr nahe sein kann. In Jesus Christus offenbarte sich Gott als einer, der um unsere Ängste weiß, weil er sie selber auf sich nahm und ihm nicht fremd ist, was uns bedrückt und belastet. Weil Jesus unseren Tod erlitt, darum kann er uns nahe sein gerade dort, wo wir alle seine Nähe ganz besonders brauchen. Seine Solidarität mit allen leidenden Menschen ist darum unsere Hoffnung auch in unserer Not.

Der Gott des Lebens ist nicht nur dort zu finden, wo das Leben gelingt, er ist auch dort, wo dieses Leben kraftlos wird und schwach. Er ist der Gott des Lebens für alle, die sich nach seiner Lebensfülle sehnen. Er bleibt der Gott des Lebens auch in unserer Todesnot.

Ende oder Vollendung?

Der November lässt viele Menschen an den Tod denken. Nicht nur Gedenktage wie Allerseelen, der Volkstrauertag oder der Totensonntag, auch in der Natur erinnert in diesen Wochen sehr viel an das Ende. Wer jetzt durch die Natur wandet, der spürt es auf Schritt und Tritt. Kahle Bäume, abgestorbene und vom Wind heruntergerissene Äste, geknickte Halme und Sträucher und dazu ein meist trübes und nasskaltes Wetter lassen einen nicht nur äußerlich frösteln. All das lenkt die Gedanken fast automatisch auch auf den eigenen Tod.

Niemand denkt gerne daran. Der Tod gehört zu den dunklen und meist verdrängten Realitäten unseres Lebens. Und doch können wir ihm ebenso wenig entkommen wie all den düsteren Ahnungen, die mit ihm verbunden sind. Der Tod ist Ende, absolutes und unwiderrufliches Ende, niemand kann ihm widersprechen. Er schneidet Entwicklungen und Hoffnungen erbarmungslos ab und lässt keine Zukunft zu. Mit dem Tod ist das Leben zu Ende und damit all das, was den Menschen an und in diesem Leben freute. Das scheint die ganze Wahrheit des Todes zu sein, allerdings nur auf den ersten Blick.

Wer noch ein wenig genauer hinschaut, gleichsam einen zweiten Blick wagt, der sieht noch etwas anderes. Der Tod ist nicht nur das Ende des Schönen, er beendet auch all das andere, was einen im Leben belastet. Einschränkungen und Behinderungen, die Not einer Krankheit oder auch das Leiden und Mühen sind vorbei. Ein Toter braucht sich keine Sorgen mehr zu machen. Der Tod löst nicht nur, er erlöst auch und das wird einem besonders dann deutlich, wenn ein Mensch in hohem Alter und nach langer, oft schwerer Krankheit stirbt, beziehungsweise sterben darf, wie man dann sogar gerne sagt. In solchen Momenten kann einem möglicherweise aufgehen, dass der Tod weit mehr ist als das Ende eines Lebens. Als Christen dürfen wir tatsächlich daran glauben, dass der Tod nicht einfach unser Leben abschneidet, sondern dass er es hinüber führt in ein anderes und größeres Leben bei und mit Gott. Bei ihm findet all das sein Ziel, was der Mensch in seinem Leben an Gutem wollte, was er an Schönem erleben durfte, wonach er sich sehnte und worauf er hoffte.

All das, was uns auf Erden immer nur anfanghaft und bruchstückweise geschenkt wird, das dürfen wir uns in Fülle von Gott erwarten, denn er hat die Macht, all das zu vollenden, was wir aus eigener Kraft nicht schaffen konnten, wohin wir immer nur unterwegs waren. Gott ist das Ziel dieses Weges und er wird uns nicht mit leeren Händen empfangen. Bei ihm dürfen wir die Früchte unseres Lebens ernten und ich bin sicher, dass er uns nicht nur das schenkt, was wir tatsächlich verdient haben, sondern noch viel mehr. Er ist die Fülle und er wird uns an seiner Fülle Anteil geben, er wird all das vollenden, was wir immer wieder nur beginnen konnten und wo uns dann oft und oft der Mut und die Kraft verließen. Leben bei Gott wird nicht weniger, sondern unendlich viel mehr sein als das Leben, das wir hier auf Erden kennen und der Tod ist deshalb nicht das Ende, sondern der Beginn der Vollendung unseres Weges.

Weltgericht

Der Jüngste Tag mit seinem Weltgericht hängt wie ein Damoklesschwert über dem Leben eines jeden. Normalerweise denkt freilich kaum jemand daran, Gerichtstermine nimmt niemand gerne wahr. Das gilt in ganz besonderer Weise für jenes Gericht, das Gott einmal über die Welt und über jeden Menschen abhalten wird. Wie soll einer vor diesem Richter bestehen können? So mancher versucht, sich von diesen Gedanken zu befreien, indem er die Idee eines göttlichen Endgerichtes in die Truhe jener überholten Vorstellungen verbannt, die weder zum modernen Leben noch zu einem aufgeklärten Weltbild passen. So einfach aber geht es nicht. Immer wieder, nicht nur anlässlich der Katastrophe von Fukoshima oder angesichts ähnlich bedrohlicher Ereignisse tauchen diese längst überwunden geglaubten Bilder wieder auf und wecken jene Ängste, die in einem jeden schlummern. Dieses Kapitel möchte daher die alte Botschaft vom Jüngsten Gericht für unsere Tage verständlich und damit auch geistlich fruchtbar machen.

die Bestätigung unserer Lebensfähigkeit

Jedes Jahr geht meist in den letzten Novembertagen das Kirchenjahr zu Ende. Die wenigsten nehmen davon Notiz. Kein Silvester mit Feuerwerk und dem Knallen von Sektkorken macht darauf aufmerksam. Lediglich die Texte der Evangelien weisen darauf hin. In ihnen ist die Rede vom Ende der Welt, vom Kommen des Menschensohnes und vom Endgericht. Es sind keine schönen Texte. Den meisten machen sie Angst und das ist auch ganz natürlich, denn hier wird gesprochen von Feuer, von Erdbeben, von der Vernichtung unserer Welt. Sterne werden vom Himmel fallen, alles wird durcheinandergeraten und am Höhepunkt der Verwirrung wird auf den Wolken des Himmels der Richter erscheinen.

Sie alle kennen diese Bilder und ebenso sicherlich auch den Schauder, der einem über den Rücken läuft angesichts dieser Zukunftsaussichten. Am liebsten möchten wir die Gedanken daran verdrängen, aber sie holen uns immer wieder ein. Man kann sich zwar verstecken, sich verstellen, sich und anderen einreden, dass man ja nichts zu befürchten hat. Entschuldigungen stehen zuhauf parat. Wahrscheinlich denkt sich jeder im stillen, dass ihm schon nichts passieren wird und doch beunruhigt der Gedanke an das Endgericht. Man kann ja nie wissen! Oder vielleicht wissen wir nur zu genau, dass alle unsere Entschuldigungen bei hellem Licht betrachtet auf schwachen Füßen stehen und einer genaueren Überprüfung nicht standhalten. Was bleibt von unserem Leben? Was können wir vorweisen? Welche Leistungen und Opfer werden anerkannt? Wie wird die Waage ausschlagen, wenn auf der einen Seite die guten Werke, die gelungenen Taten liegen, auf der anderen aber all das andere?

Solche Fragen machen Angst, aber sie sind wichtig, denn sie geben unserem Leben jene Tiefe, in der es verwurzelt ist und aus der es seine Kraft schöpft. Wenn alles beliebig, wenn alle Entscheidungen eines Menschen gleichgültig und ohne Konsequenzen wären, dann wäre unser ganzes Dasein gleichgültig, beliebig, sinnlos. Der Mensch aber ist kein verantwortungsloses Wesen, er kann antworten und er muss und darf sich verantworten. Er hat zu seinen Entscheidungen zu stehen und kann deren Folgen nicht einfach abwälzen. Genau das macht seine Würde aus. Die Art, wie er sein Leben gestaltet, sich entscheidet, wie er den Herausforderungen seiner Mitmenschen und seiner Umwelt antwortet, dies alles bleibt wichtig.

Gott erkennt dies an und er bestätigt, was ein Mensch im Laufe seines Lebens eigentlich wollte. Genau das meint Jüngstes Gericht in meinen Augen. Jeder entdeckt vor diesem Richter, wer er wirklich ist. Gott spricht uns nicht von außen ein fremdes Urteil zu, er unterschreibt gleichsam, was wir aus unserem Leben gemacht haben, ob wir fähig geworden sind zu leben oder nicht. Dieses Leben zu lernen, lebensfähig zu werden, das ist unsere Aufgabe. Ob wir sie erfüllen, das entscheiden wir jetzt schon, in jedem Augenblick unseres Lebens.

nicht hin-, sondern aufgerichtet werden

Immer, wenn das Kirchenjahr zu Ende geht, erinnern uns die Texte der Sonntagsevangelien an das Ende der Welt. Furchtbare Bilder tauchen auf. Von der Zerstörung des Kosmos in Feuer und Erdbeben. Gewaltige Naturkatastrophen werden hereinbrechen und am Höhepunkt der Drangsal wird Christus als Weltenrichter erscheinen. Es gibt wohl kaum jemanden, der diese Worte als frohe Botschaft empfindet. Sie jagen Angst ein. Am liebsten würden wir sie verdrängen, aber sie tauchen doch mit unerbittlicher Gewalt immer wieder auf.

Ich möchte darum jetzt mit Ihnen ein wenig über dieses Gericht, beziehungsweise über den Richter nachdenken, denn ich bin überzeugt, dass auch diese Aussagen der Bibel Heilsbotschaft sind. Es ist keine Floskel, wenn der Evangelist Lukas an dieser Stelle in seinem Evangelium schreibt: „Wenn das geschieht, dann schaut auf und erhebt eure Häupter; denn es naht eure Befreiung“ (21,28).

Zunächst freilich behält bei uns allen das Unbehagen die Oberhand. Mit einem Richter verbinden wir automatisch das Gericht und das Urteil. Und wer auch nur einigermaßen ehrlich und selbstkritisch ist, der muss sich vor einer Verurteilung fürchten. Fehler machen wir alle; keiner kann sich durchmogeln, wenn Christus als unbestechlicher und allwissender Richter auftritt und unser Leben beurteilt. Und doch habe ich Hoffnung beim Gedanken an dieses Gericht, eine sehr große Hoffnung sogar. Sie gründet in der Person des Richters. Ihm traue ich zu, dass er nicht nach Art menschlicher Gerechtigkeit urteilt, sondern nach seiner eigenen. Und die sieht ganz anders aus.

Wer an Jesu Leben denkt, der erinnert sich, wie er damals den Menschen begegnete. Er war offen für ihre Ängste und Nöte, für ihre Schwächen und Krankheiten. Er übersah weder den blinden Bettler am Rande der Straße, noch ließ er den Leichenzug in Nain achtlos passieren. Jesus vergab der Sünderin und erbarmte sich am Kreuz noch des Schächers, der ihn darum bat. Jesus konnte Menschen zwar sehr hart anfahren und infrage stellen, aber er ließ keinen aus seiner Hand herausfallen, solange auch nur ein Fünkchen guter Wille in ihm war. Jesus richtete während seines Lebens auf dieser Welt niemanden hin, er richtete die Menschen auf. Er erlöste und befreite sie aus ihren Zwängen und half ihnen, aufrecht weiterzuleben.

Das lässt mich hoffen auch für das sogenannte Jüngste Gericht, denn diesem Richter traue ich zu, dass er mich nicht fertig machen, sondern lebendig machen, ins volle Leben hineinführen will. Ich hoffe darauf, dass er mir helfen wird, all das abzulegen, was mich niederdrückt und an meiner Entfaltung hindert. Ich hoffe, dass ich mit seiner Hilfe hineinfinde in die wirkliche Wahrheit meines Lebens.

Aus unserer eigenen Erfahrung wissen wir allerdings nur zu gut, dass manchmal nichts unangenehmer ist als die Wahrheit. Es schmerzt, wenn man entlarvt wird und die Wahrheit ans Licht kommt. Es sei denn, der andere nimmt einem liebevoll die Maske ab und lässt einen spüren, dass man sich vor ihm nicht zu verstellen braucht, weil er einen sowieso kennt und mag. Ich glaube, es ist nicht zu viel, dies auch von dem Richter Christus zu erwarten und ihm zuzutrauen, dass sein Gericht uns nicht niederdrückt, sondern erlöst, uns nicht hin-, sondern aufrichtet.

gerichtet, das heißt richtig gemacht werden

In den Sonntagsevangelien am Ende des Kirchenjahres begegnen uns sehr eigenartige und ungewöhnliche Texte. In ihnen ist die Rede vom Ende der Welt, von der Vernichtung unserer Erde. Sterne werden vom Himmel fallen, die Sonne sich verfinstern, der Mond nicht mehr scheinen. Überall wird sich unter den Menschen Angst und Schrecken verbreiten. Mitten in diesem Tumult wird dann auf den Wolken des Himmels der Menschensohn erscheinen, um alle Menschen zu richten.

Diese Bilder ängstigen, kaum jemand dürfte sie ohne inneren Widerwillen anhören. Und doch gehören auch sie zum Evangelium, zur Frohen Botschaft. Wir können sie nicht einfach überhören oder ausklammern, auch wenn uns das oft am liebsten wäre. Im ersten Moment ist allerdings nur die Drohung zu hören, die in der Verheißung eines kommenden Weltenrichters unweigerlich mitschwingt.Aber diese Zusage enthält auch noch andere Töne. Gerichtet werden, das muss nicht unbedingt bedeuten: Hingerichtet werden, es kann auch etwas ganz anderes meinen.

Als vor einiger Zeit mein Elektroherd nicht mehr funktionierte und ich den Kundendienst anrief, da war ich sehr froh, als bereits am nächsten Tag ein Handwerker den Schaden behob. Mein Herd war gerichtet, ich konnte wieder auf ihm kochen. Gerichtet werden, richtig sein können, richtig leben können, das ist die Hoffnung vieler Kranker und Leidender. Nicht immer erfüllt sie sich. Manchmal muss jemand lange, vielleicht sogar das ganze restliche Leben mit seinem Leiden oder seiner-Behinderung und den damit verbundenen Einschränkungen und Beschwerden weiterleben. Er kann seine Krankheit nicht einfach irgendwo abgeben, er muss sie mit sich tragen. Ich denke hier vor allem an seelische Leiden, an Verletzungen, die jemand in früher Kindheit hinnehmen musste und die ihn sein ganzes Leben belasten. Ich denke auch an die vielen Unvollkommenheiten, unter denen jeder Mensch leidet. Er wäre so gern größer oder kleiner; er spürt, dass er sich nur schwer verwirklichen kann, dass Vieles in ihm brachliegt, seine Lebensumstände es ihm aber verwehren, mehr aus sich zu machen, der zu sein, der er eigentlich sein möchte.

Jeder Mensch spürt Sehnsüchte, Hoffnungen in sich, aber sie erfüllen sich nicht. Er würde so gern richtig leben, aber es gelingt ihm nicht. Er fühlt sich unbefriedigt, unerlöst. Ich glaube, hier wird deutlich, was Gerichtet werden auch heißt. Nicht Hin-, sondern Aufgerichtet zu werden, befreit zu werden zu einem richtigen Leben ohne Verstellung und Lüge, ohne Angst und Sorgen. Leben können, richtig sein, nicht verbogen oder kaputt, sondern fähig zu einem Dasein voller Hoffnung, voller Vertrauen und voller Liebe,

Genau das erhoffe ich mir von dem göttlichen Richter Jesus Christus. Er hat während seines Erdenlebens immer wieder Menschen geholfen, ein wenig aufrechter und richtiger durch das Leben gehen zu können. Damals waren es Einzelne. Viele andere aber, die ihm nicht gerade in Galiläa oder Jerusalem begegneten, die vor ihm oder nach ihm lebten, sie alle blieben krank, einsam, behindert, bis heute. Jesus Christus aber hat sich nicht abgemeldet aus der Weltgeschichte. Er wird wiederkommen und diese Zusage macht mir nicht nur

Angst, sie lässt mich auch hoffen. Christus will, dass nicht nur einige wenige Menschen richtig sind und wirklich leben können, er will alle richten, er will uns alle richtig machen, damit wir alle teilhaben an der Fülle seines Lebens.

Jesus Christus - unsere Hoffnung

Wenn jedes Jahr das Kirchenjahr zu Ende geht, dann man merkt davon nicht viel. Lediglich die Texte der Sonntagsevangelien erinnern uns daran. In ihnen ist vom Ende der Welt, von großer Verwirrung und Schreckensvisionen die Rede und vor allen Dingen auch vom Weltgericht.

Viele Künstler ließen sich von der Darstellung der heiligen Schrift inspirieren und stellten dieses Jüngste Gericht in drastischen Bildern dar. In der Mitte thront Christus, die Engel umgeben ihn und führen die Menschen auf der rechten Seite in den Himmel. Sie dürfen sich freuen, denn sie sind gerettet. Links dagegen herrscht Chaos, Die Verdammten werden in die Hölle gestoßen, die sich wie ein riesiger Schlund aufgetan hat und bereit ist, die zum Verderben Verurteilten aufzunehmen und in Ewigkeit zu martern.

Wer diese Texte oder eines dieser Bilder auf sich wirken lässt, der weiß zwar sehr gut, dass das Bilder, Vorstellungen von Menschen sind, aber sie lassen einen trotzdem nicht so leicht los. Die Angst überwältigt den Betrachter. Er spürt den Ernst seines Lebens, seiner Entscheidungen und er muss sich zugleich eingestehen, dass er in diesem Gericht nur wenig Chancen hat. Jeder weiß, wie unvollkommen und fehlerhaft er ist und wie wenig er darum den göttlichen Maßstäben genügen kann. Und mancher fragt sich: Wie lässt sich diese Darstellung eines allmächtigen Weltenrichters vereinbaren mit all den anderen Zeugnissen der heiligen Schrift, in denen Jesus als liebevoller

Heiland, als gütiger Menschenfreund, als Retter gerade der Sünder verkündet wird? Der Jesus der heiligen Schrift weckt Hoffnung und Freude, Christus der Richter verbreitet Angst und Schrecken,

Ich glaube, diese Angst steigt in uns auf, weil wir selber so gerne und schnell richten. Jeder von uns urteilt tagtäglich über andere. Er macht sich Bilder von anderen Menschen, er ordnet sie ein und nicht selten verdammt er auch ihm völlig Fremde, nur weil sie anders aussehen oder sich fremdartig geben. Die bösartige Welle des Hasses und der Gewalt, die gelegentlich über Asylbewerber und ausländische Arbeitnehmer hereinbricht, ist nur ein Symptom für die starke Neigung jedes Menschen, über andere zu richten und sie zu verurteilen. Der Maßstab, den einer dabei anwendet, das ist normalerweise ein Spiegel seiner eigenen Interessen und Ängste.

Gott aber urteilt nach einem anderen Maßstab. Ich lese in der heiligen Schrift, wie Jesus sich damals besonders der Schwachen, der Armen, der Sünder annahm. Gerade die Unvollkommenen waren ihm willkommen. Wer nichts vorweisen konnte, mit leeren Händen vor ihm erschien, ihm seine Not entgegenstreckte, der erfuhr seine Güte. Wem Menschen und die Welt keine Chance mehr gaben, der wurde von Jesus noch lange nicht abgeschrieben. Fromme Gläubige wollten die Sünderin steinigen, von der wir im Johannes-Evangelium hören. Als Jesus dazukam, befreite er sie aus ihrer ausweglosen Lage, er richtete sie auf, schenkte ihr Zukunft. Ähnlich ging es vielen anderen.

Dies macht mir Hoffnung gerade auch für das sogenannte Jüngste Gericht. Angst hätte ich, wenn irgendein Richter auf den Wolken des Himmels käme. Es ist aber kein unbekannter, es ist Christus, der Menschensohn. Er ließ nicht uns leiden, er litt selber, um uns zu erlösen. Darum bin ich überzeugt, dass auf dem Antlitz dieses Richters nicht grausame Härte, sondern liebende Güte zu sehen sein wird. Wie damals vor 2000 Jahren wird er nicht nur auf unsere Fehler schauen, sondern auch auf unsere Not und so allen zur Hoffnung werden, die sich ihm anvertrauen.

die Welt hat Zukunft

Welche Zukunft hat die Welt, was haben wir zu erwarten? Einerseits hoffen wir alle, dass es gut weitergeht, dass unsere Wirtschaft wächst, der Friede zumindest bei uns erhalten bleibt und jeder von uns auch persönlich zufrieden und glücklich sein kann. Andererseits aber hören wir ständig Schreckensnachrichten aus allen Teilen unserer Erde und auch in der Kirche verkünden die Evangelien zum Ende des Kirchenjahres Erschreckendes. Sie sprechen von Naturkatastrophen von Kriegswirren und kosmischen Zerstörungen. Unsere gewohnte Weltordnung zerbricht, das Ende der Welt ist gekommen.

Vielen erscheinen diese Texte in ihrer bildhaften Sprache sehr fremd. Sie entsprechen weder ihrem eigenen Lebensgefühl und noch viel weniger ihrer Hoffnung auf eine immer bessere Zukunft. Ihr Weltbild ist geprägt von Wirtschaftswachstum und einer optimistischen Lebenserwartung. Da ist kein Platz für eine endgültige Vernichtung ihres Daseins. Andererseits aber haben wir allen Grund zur Sorge. Welche Chancen hat unser Planet Erde, welche Chancen haben wir Menschen auf ihm, wenn wir unsere Welt weiterhin so ausbeuten, ihr Wunden über Wunden zufügen und rücksichtslos mit den Kräften der Natur umgehen? Welche Lebenserwartung haben Menschen, wenn sie so wenig solidarisch miteinander sind und der Stärkere den Schwächeren übervorteilt und ausbeutet?

Die apokalyptischen Visionen, die an manchen Sonntagen in den Kirchen verkündet werden, erscheinen vielen heute nicht mehr als Blick in die Zukunft, sie empfinden sie als bedrückende Gegenwart. Die drohenden Bilder der heiligen Schrift gewinnen eine immer größere Realität. Aber sind es wirklich so drohende Bilder?

Vordergründig betrachtet auf jeden Fall. Der Mensch muss erschrecken und Angst bekommen, wenn er hört, dass die Sterne vom Himmel fallen, Erdbeben die Natur verwüsten und eine immer größere Unordnung das Weiterleben der Menschen unmöglich macht. Unwillkürlich wird man dabei jedoch auch an den Beginn der Schöpfung erinnert. Damals war, so schreibt die heilige Schrift, die Erde wüst und leer, ohne Licht und ohne Leben, ein Ort des Todes, kein Paradies oder Garten, in dem Menschen leben konnten. Zum Lebensraum wurde diese Welt erst durch das Schöpferwort Gottes. Seine Kraft ordnete und belebte diese Welt; erst als er dem Lehmklumpen seinen Atem einhauchte, wurde dieser zum Menschen.

Die Botschaft des Schöpfungsliedes am Anfang der heiligen Schrift lautet: aus sich heraus ist die Welt und der Mensch nicht lebensfähig. Nur mit Gottes Hilfe ist das Leben entstanden. Seither ist Gott nicht tatenlos geblieben. Er greift immer wieder ein, rettet den Menschen aus seiner Not und gibt ihm immer wieder neue Chancen. Gott nimmt Partei für das Leben, das er geschaffen hat. Er lässt es sich nicht so einfach aus der Hand nehmen. Am deutlichsten wurde dies an Jesus Christus. Sein Kommen bedeutete für die Menschen damals Leben und Hoffnung. Als er nach Ostern in die Herrlichkeit des Vaters aufgenommen wurde, da versprach er: Ich werde wiederkommen.

Für die ersten Christen war deshalb eines ihrer wichtigsten Gebete der kurze Bittruf: Marana tha, komm Herr, komm, uns zu retten (vgl, I Kor 16,22). Die

Christen damals hatten keine Angst vor dem Kommen ihres Herrn, sie freuten sich darauf und erwarteten es sehnsüchtig. Sie wussten, wenn der Herr kommt, wenn er spürbar wird, wenn wir ihn in unser Leben hereinlassen, dann wendet sich unser Unglück, dann können wir hoffen und aufleben.

Der Mensch, der so auf Gott vertraut und auf ihn baut, der braucht bei den Bildern vom Weltende und Weltgericht tatsächlich nicht zu erschrecken, er kann aufatmen und sich freuen, denn nun kommt er, der seine Hoffnung ist. Die Welt wird nicht im Chaos und im Nichts versinken. Jesus Christus, unser auferstandener Herr kommt, er behält das Heft in der Hand. Gott, der das erste Wort sprach, er behält auch das letzte. Und wie das erste Wort ein Wort des Lebens war, so wird auch das letzte kein Wort des Verderbens, sondern des Lebens sein.

Elija

In diesem Kapitel möchte ich Ihnen den großen alttestamentlichen Propheten Elija nahe bringen. Mich leitet dabei kein historisches Interesse. Mir ist Elija wichtig geworden als exemplarische Gestalt der Vergangenheit, die ihre Wirkung bis in unsere Gegenwart nicht verloren hat und zwar deswegen, weil typische Züge des Elija heute noch lebendig sind in jenen und für die, denen Gottes Wort und das Vertrauen in ihn die entscheidende Orientierung für die Gestaltung ihres Lebens schenken.

der Mann Gottes

Der Prophet Elija gilt als einer der großen Propheten des Alten Testamentes. Beeindruckende Machttaten werden von ihm erzählt und einmal hat er sogar einen toten Knaben wieder zum Leben erweckt. Elija engagierte sich auch politisch und mischte kräftig mit in den gesellschaftlichen Wirren seiner Zeit. Vor allem aber kämpfte er für den Glauben an Gott und gegen den damals weitverbreiteten Götzendienst. Sein Leben hinterließ einen gewaltigen Eindruck. Manche Frommen glaubten sogar, er sei nicht gestorben, sondern zu Gott in einem feurigen Wagen entrückt worden (vgl. 2 Kön 2,11) und warte nun im Himmel auf einen neuen Einsatz auf der Erde. Selbst zur Zeit Jesu gab es noch viele, die auf ein Wiederkommen des Elija warteten, wie wir aus dem Neuen Testament erfahren (vgl. Mk 8,28).

Elija schuf sich mit seinem Eifer für Gott viele Feinde. Immer wieder war er gezwungen, zu fliehen und sich verstecken. Dabei musste er hungern und dürsten, erfuhr aber auch, dass ihm geholfen wurde, manchmal auf recht wundersame Weise, wenn wir zum Beispiel hören, dass Vögel ihm Brot und

Fleisch brachten (vgl. 1 Kön 17,6).

Elija wusste sich von seinem Gott gerufen und gehalten. Elija war ein Mann kraftvoller Worte und mächtiger Taten und er war zugleich jemand, dem auch das Leiden am und durch das Wort Gottes vertraut war. Beides gehört für ihn zusammen. Er kannte die strahlenden Seiten des Lebens und er wusste auch um seine dunklen Stunden.

Wenn man über die oft verwirrenden Spuren dieses Propheten nachdenkt, dann stößt man immer wieder auf seinen Eifer für Gott. Ihm traut er bedingungslos, von Gott lässt er sich in die Einsamkeit der Wüste und dann wieder an den Hof des Königs schicken. Im Namen Gottes kündigt er eine verheerende Dürre an und drei Jahre später dann ebenso überraschend den lang ersehnten Regen. Sein Vertrauen in die Macht Gottes lässt Elija wunderbare Taten vollbringen. So verlangt er von einer Witwe deren letzte Handvoll Mehl und das bisschen Öl, das sie noch für sich und ihren Sohn hat; und er verspricht ihr zugleich: „Der Mehltopf soll nicht leer werden und der Ölkrug nicht versiegen“ (1 Kön 17,14). Und so war es dann tatsächlich.

Solche und ähnliche Erfahrungen wollen nicht den Glauben an Magie oder Zauberkunststückchen irgendwelcher Art bestärken, sie machen uns vielmehr darauf aufmerksam, welche Kraft in dem Vertrauen auf Gott liegt. Wir wissen es aus unserer zwischenmenschlichen Erfahrung: Wo ein Mensch anderen vertrauen kann, da lebt er auf, wird er innerlich freier und bekommt Mut, Dinge zu tun, die er sich normalerweise eigentlich selber gar nicht zutrauen würde. Vertrauen unter Menschen entsteht, wo sie miteinander leben, sich aneinander reiben, Enttäuschungen bewältigen und sich so immer vertrauter werden.

So ähnlich dürfen wir uns auch Elijas Leben mit seinem Gott vorstellen. Das war keine einmalige Donnerstimme, in der der Prophet Gottes Wort hörte und ihm dann folgte. Es war eher ein lebenslanges Ringen und Fragen, ein Suchen und Finden und wieder Verlieren. So manches Mal hätte Elija gerne aufgegeben. Aber er kam nicht los von seinem Gott. Gott ließ ihn nicht los und so wurde er zu jenem Gottesmann, als der er den Menschen im Gedächtnis blieb.

Elija ist nicht tot. Er lebt heute noch in jedem gläubigen Menschen. Jeder wird im Laufe seines Lebens mehr oder weniger deutlich immer wieder einmal etwas von der Größe und auch von den Versuchungen dieses alttestamentlichen Propheten spüren. Jeder kennt die Stunden der Not, die ihn verzweifeln, selbst an Gott verzweifeln lassen. Jeder kennt auch jene anderen Augenblicke, in denen er in sich ungeahnte Kräfte spürt und meint, mit Gott und der Welt in tiefem Einklang zu stehen.

Darauf aber kommt es gar nicht an. Für Elija war nicht entscheidend, was er für Gott leistete, viel wichtiger war, dass er sich von Gott durch sein Leben führen ließ und ihm auch dort die Treue hielt, wo er sich von ihm verlassen fühlte. Dies macht ihn in meinen Augen zu jenem großen Gottesmann und zu einem Modell für unseren eigenen Weg mit Gott.

Wunsch und Wirklichkeit (1 Kön 18,20-40)

Wer hätte das nicht gern: Ein Gott, der auf Befehl dreinschlägt und so seine Macht unübersehbar und unwidersprechbar beweist. Auch Elija, der große Prophet des Alten Testamentes stellt sich Gott so vor: Als einen mächtigen Herrn, der seine Größe zeigt und seine Widersacher das Fürchten lehrt. Zu so einem gewaltigen Zeichen fordert Elija eines Tages seinen Gott heraus. Er hatte dafür gesorgt, dass seine Konkurrenten, die sogenannten Baalspriester, die Diener des Götzen Baal, auf dem Berg Karmel zusammenkamen. Zwei große Brandopfer waren aufgerichtet worden und nun sollte es darum gehen, ob der Götze Baal oder Jahwe, der Gott Elijas dieses Opfer annehmen würde. Die Baalspriester tanzten den ganzen Tag um ihren Opferaltar und riefen laut nach ihrem Gott. Aber nichts geschah. Am Abend befahl der Prophet Elija, das Opfer dreimal mit Wasser zu übergießen. Dann betete er zu Gott. Sofort fiel Feuer vom Himmel und verzehrte das Opfer. Elija hatte gesiegt, sein Gott hatte den Menschen ein unübersehbares Zeichen gegeben.

Wenn man die Geschichte nur bis zu diesem Punkt liest, dann mutet sie einem archaisch und fremd an. Ein Gott, der mit Blitzen seine Größe nachweist, ein solcher Gott wäre zwar manchmal vielleicht recht praktisch, aber er wäre im Grunde nur ein Götze, ein Zauberer; einer, der Angst und Schrecken verbreitet aber nichts gemein hat mit dem Gott, den uns Jesus Christus verkündet hat.

Elija, der große Prophet muss das erst lernen. Wenn wir seine Geschichte weiter lesen, dann erfahren wir, dass der Prophet nach seinem Sieg auf dem Berg Karmel keineswegs glücklich und zufrieden sein kann. Ganz im Gegenteil. Die Wirklichkeit holt ihn ein in Gestalt der Königin des Landes. Sie möchte den Propheten töten lassen und so muss er fliehen. Auf der Flucht kommt er in die Wüste, in die Einsamkeit, in die Verzweiflung. Er muss erkennen: Die Vorstellung von einem kraftvoll dreinschlagenden Gott, das ist ein Bild, das er sich gemacht hat, sein eigener Wunsch und nicht die Wahrheit Gottes.

Den Elija gibt es bis heute. Er lebt in vielen Menschen. Er wird sichtbar, wo jemand gleich ihm von Gott erwartet, dass er sich machtvoll zeigt. Es müsste für ihn doch ein Leichtes sein, Kriege aus der Welt zu schaffen, die Not und das Elend so vieler Menschen zu beenden, Schwäche und Fehler in der Kirche zu verhindern, Krankheit, Leid, ja selbst den Tod zu besiegen. Die Wünsche an Gott sind endlos. Eigentlich müsste er eine neue Welt schaffen, wahrscheinlich sogar eine eigene für jeden einzelnen.

Spätestens hier kann einem aufgehen, dass solche Erwartungen nicht zu Gott führen, sondern immer weiter von ihm weg. Gewalt und Macht, Feuer und Sturm sind niemals Wegbereiter des Lebens, sondern Boten des Todes. Elija musste dies damals erfahren und dem Elija in uns bleibt es ebenfalls nicht erspart. Meist ist es ein schmerzhafter Weg, ein Weg in die Wüste und Einsamkeit, ein Weg durch Angst und Nacht, bis einem aufgeht: Gott ist anders. Er ist kein donnernder Krieger, sondern eine „Stimme des verschwebenden Schweigens" (vgl. 1 Kön 19,12), wie Martin Buber diese Stelle übersetzt. Nicht der laute Machtschrei der Gewalt, sondern der leise, fast lautlose Atem des Lebens sind die Zeichen seiner Größe.

Elijas Gotteserfahrung (1 Kön 19,9-13)

Eine der schönsten Stellen des ganzen Alten Testamentes ist für mich die Erzählung, wie der große Prophet Elija Gottes Nähe erfährt. Es war auf dem Gottesberg Horeb. Elija war dorthin gekommen auf der Flucht vor seinen Feinden. In einer Höhle hatte er sich versteckt und war am Ende; völlig verzweifelt, gescheitert mit allem, was er versucht hatte. Immer wieder hatte er Israel für Gott begeistern wollen. Er hatte machtvolle Zeichen vollbracht im Namen seines Gottes. Er hatte für ihn gekämpft, sich abgemüht, Spott und Anfeindungen ertragen. Aber all dies hatte nichts genützt. Er hatte sich umsonst geplagt und stand nun vor dem Scherbenhaufen seines Lebens. Er konnte nicht mehr und er wollte wohl auch nicht mehr. Sein Gott hatte ihn verlassen, so hatte es zumindest für ihn den Anschein.

Im Nachhinein aber, wenn man zum Beispiel heute die Lebensgeschichte dieses Propheten liest und sie auf sich wirken lässt, dann merkt man: Elijas Gottesbild war doch recht einfach, recht menschlich. Der Gott, den Elija meinte, das war ein Zerrbild, geformt durch seine eigenen Wünsche. Erst in seinem Elend, durch seine Enttäuschungen wurde Elija fähig, wirklich auf Gott zu hören. Erst jetzt, in der Höhle, in dem ausweglosen Loch seines gescheiterten Lebens war er offen genug, Gottes Wahrheit an sich heranzulassen.

Die Geschichte erzählt dies in Bildern. Zunächst fragt Gott den Elija, was er in der Höhle tut. Und Elija antwortet mit dem Bekenntnis seiner Verzweiflung: „Von Eifer bin ich entbrannt für Jahwe, den Gott Zebaot; denn die Israeliten haben dich verlassen, deine Altäre haben sie niedergerissen, deine Propheten haben sie mit dem Schwert umgebracht. Ich allein bin übriggeblieben, und nun stellen sie auch meinem Leben nach." (1 Kön 19,10)

Dieses Bekenntnis macht ihn frei, dem Ruf Gottes zu folgen: „Geh hinaus und tritt auf dem Berg vor Jahwe hin“ (1 Kön 19,11). Elija soll sich stellen, sich aufrecht hinstellen vor Gott und als er dies tut, da erfährt er seinen Gott. Zuerst kommt ein gewaltiger Sturm, aber dies ist er nicht; dann ein Erdbeben, aber auch das ist Gott nicht, ebenso wenig das Feuer, das nun kommt. Danach aber, nachdem er all die falschen Gottesbilder losgelassen hat, da erst spürt Elija, was Martin Buber so übersetzt: „Eine Stimme verschwebenden Schweigens“ (vgl, 1 Kön 19,12). Nun verhüllt Elija sein Gesicht, denn er weiß: Das ist Gott. Nicht die Gewalt und beherrschende Macht des Todes, sondern der leise, fast unmerkliche und nicht greifbare Hauch des Lebens ist Gott; nicht die äußerlich zwingende Gewalt, sondern die befreiende Größe und Kraft, die von innen kommt und andere nicht zerstört, sondern sie aufrichtet.

Elijas Gottesbild ist geläutert. Ein ganzes Leben lang hat es gedauert, bis Elija sich seine selbstgezimmerten Gottesbilder aus der Hand schlagen ließ und Gott ihm in seiner wahren Größe aufgehen konnte. Ich glaube, das gilt nicht nur für diesen Propheten. Jeder von uns stellt sich Gott nach seinen eigenen Wünschen vor und es tut oft sehr weh, davon loszukommen. Diese Schmerzen aber sind notwendig, denn sie öffnen dem Menschen die Augen, so dass er sich von Gott immer wieder überraschen und zum Leben befreien lassen kann.

„Den Seinen gibt's der Herr im Schlaf" (1 Kön 19,5-8)

Sie kennen wohl alle das Sprichwort: „Den Seinen gibt's der Herr im Schlaf". Manchmal klingt es etwas spöttisch, wenn jemand den unerwarteten und vielleicht auch unverdienten Erfolg eines anderen so kommentiert. Ich glaube aber, so tut man diesem Wort bitter unrecht, denn es drückt im Grunde die tiefe Lebensweisheit aus, dass wir alle zusammen Vieles und nicht selten sogar das Entscheidende nicht machen können, sondern es uns schenken lassen müssen bzw. dürfen. Wer kennt nicht die Erfahrung, dass er sich immer wieder abmüht, ein bestimmtes Problem zu lösen, es aber nicht schafft und dann kommt ein anderer und hat mit einem Griff die Lösung gefunden. Wie oft strengen sich Menschen an, zermartern ihr Hirn und plötzlich, als sie schon gar nicht mehr damit zu rechnen wagten, da taucht jemand auf und hilft aus der Klemme. „Dich schickt der Himmel" oder: „Du bist ein Engel" sagt dann vielleicht einer.

Ein berühmtes Beispiel für so eine Erfahrung ist der Prophet Elija. Er war ein mächtiger Prophet, der seine Feinde oft genug das Fürchten lehrte. Damit aber hatte er sie so gegen sich aufgebracht, dass sie nun ihm nach dem Leben trachteten. Elija musste fliehen und auf der Flucht holte ihn die Verzweiflung ein. Er wollte Schluss machen. Er war am Ende und legte sich in der Wüste unter einen Ginsterbusch, um zu sterben.

Normalerweise eilen viele Menschen in einer ähnlichen Situation rastlos umher, kommen vor lauter Sorgen nicht zur Ruhe und finden keinen Schlaf. Ganz anders jedoch dieser Prophet. Er schläft ein. Zuvor aber, so erzählt die heilige Schrift, hat er seine Not und seine Enttäuschung vor Gott getragen: „Nun ist es genug, Herr, nimm mein Leben; ich bin ja nicht besser als meine Väter“ (1 Kön 19,4).

Dieses Gebet ist für mich der Schlüssel, der die ganze Szene erschließt, Denn es gehört sehr viel Vertrauen dazu, Gott einfach das zu übergeben, dessen man selber überdrüssig geworden ist und schlicht einzugestehen: „Ich kann nicht mehr, ich bin am Ende“. Wer so betet, der gibt sich nicht auf, der übergibt sich dem, bei dem er auch sein Scheitern gut aufgehoben weiß. Wer so zu beten wagt, der kommt zur Ruhe, der kann schlafen trotz und in seinem ungelösten Problem.

Im Schlafen, dort also, wo Elija aufgehört hat, etwas leisten zu wollen, dort macht er eine neue Erfahrung. Ein Engel kommt zu ihm, bringt ihm Brot und Wasser und macht ihm Mut. Der Prophet aber schläft so fest, dass ihn der Engel ein zweites Mal anstoßen muss. Jetzt erst kann er sich erheben und den Befehl befolgen. Er steht auf, isst und trinkt und wandert dann, durch diese Speise gestärkt, vierzig Tage und vierzig Nächte bis zum Gottesberg Horeb (vgl, 1Kön 19,8).

Gottes Engel brauchen nicht unbedingt Flügel und sie bringen auch selten Wasser und Brot. Wir spüren: Hier handelt es sich um Bilder, die einen ermutigen, an die Zeichen Gottes, an die Kräfte des Lebens zu glauben und sich ihnen zu öffnen.

Damit solche Erfahrungen möglich werden, wie sie vom Propheten Elija berichtet sind, braucht es den Mut, loszulassen, stehen zu bleiben, ruhig zu werden, die Hände zu öffnen. Das Bild des Schlafes steht für die Fähigkeit des Menschen, empfangen zu können und nicht nur auf Leistung und eigenes Können zu setzen. Manchmal zwingt uns der Körper zu solchen Pausen und sendet uns entsprechende Signale; manchmal aber gelingt es einem, auch ohne äußere Zwänge innezuhalten und sich beschenken zu lassen, weil er weiß: Ich kann zwar vieles machen, anderes aber kann ich mir nur schenken lassen. Wer dem Leben traut, wer Gott traut, der darf damit rechnen und der weiß, dass der Volksmund Recht hat, wenn er behauptet: „Den Seinen gibt's der Herr im Schlaf".

Licht im Dunkel (1 Kön 19,1-8)

In diesem Abschnitt möchte ich einen weiteren Aspekt aufgreifen aus jener Szene, die den Propheten Elija in der Wüste unter dem Busch zeigt. Elija hat sich in die Einsamkeit zurückgezogen und unter einen Ginsterstrauch gesetzt. Dort möchte er sterben. Er will nicht mehr weitermachen; er ist nicht nur müde, er kann nicht mehr. Er ist am Ende.

Kurz zuvor hatte er noch einen der größten Triumphe seines Lebens gefeiert. Auf dem Berg Karmel hatte er viele Menschen und die sogenannten Baalspriester, die Diener des Götzen Baal zusammengerufen. Ein großes

Opfer war aufgerichtet worden und nun bemühten sich die Priester des Baal, ihren Herrn dazu zu bringen, dieses Opfer anzuzünden und es dadurch anzunehmen. Damit wollten sie beweisen, dass Baal stärker war als Jahwe, der Gott, den Elija verkündete. Den ganzen Tag über tanzten sie und schrieen zu Baal, aber der blieb stumm. Am Abend ließ schließlich Elija das Brandopfer dreimal mit Wasser übergießen und rief seinen Gott Jahwe an, Sofort fiel Feuer vom Himmel und verzehrte das Opfer, Elija hatte gesiegt, er hatte die Macht Jahwes über Baal bewiesen und ließ die Baalspriester töten.

Anstatt aber seinen Erfolg genießen zu können muss Elija fliehen, denn die Königin des Landes trachtete ihm nun nach dem Leben. Hatte der Prophet das Vertrauen auf seinen Gott so schnell verloren, dass er nun vor einer Frau, der Königin davonlief? War es Gott selber, der Elija eine Lektion erteilen, sein Gottesbild reinigen wollte? Die heilige Schrift lässt die Antwort offen. Sie zeigt uns den Propheten in seinem ganzen Elend. Er will nicht mehr, er kann nicht mehr. Erschöpft, am Ende seiner Kräfte hat er nur noch einen Wunsch: er will sterben.

Diese Erfahrung scheint so ganz und gar nicht zu dem Bild des großen Propheten zu passen, viel eher trifft sie auf uns zu. Gerade darum ist mir diese kleine Geschichte auch so wichtig. Wohl keinem Menschen bleiben jene Situationen erspart, in denen er sich wie dieser Gottesmann am Ende fühlt, keinen Ausweg mehr sieht und nur noch an sich und seinem Schicksal verzweifelt. Immer wieder erleben es Menschen mehr oder weniger intensiv, dass sie sich in Sackgassen verfangen haben, verstrickt sind in ausweglose Zwänge und nicht mehr aus noch ein wissen.

Das überraschende an der Elija-Geschichte ist für mich, dass der Prophet nicht tage- und nächtelang voller Sorge grübelt und sich den Kopf zermartert, sondern dass er sich einfach hinsetzt und seine Not betend an Gott übergibt: „Nun ist es genug, Herr, nimm mein Leben; ich bin ja nicht besser als meine Väter“ (1 Kön 19,4). Keine Entschuldigung, keine Rechtfertigung, einfach die Bitte an Gott: Nimm meinen Scherbenhaufen an.

Es gehört sehr viel Mut und sehr viel Vertrauen zu so einem Gebet, aber offensichtlich ist gerade dies der Weg, zur Ruhe zu kommen, denn nach seinem Gebet schläft Elija ein. Jetzt kann er schlafen und im Schlaf die Überraschung erleben, dass ein Engel Gottes kommt und ihn für seinen weiteren Weg stärkt.
Für mich wird hier die wahre Größe des Propheten sichtbar: In seiner Not gibt er sich nicht auf, er übergibt sich Gott und genau das macht ihn für mich zu einem äußerst aktuellen Vorbild.

Menschen unter dem Wort Gottes

Dieses Kapitel beschäftigt sich mit bekannten biblischen Personen, die sich von Gottes Wort anreden ließen und darauf in ganz unterschiedlicher Weise antworteten. Beispielhaftes kommt dabei ebenso zur Sprache wie Ermutigendes. Der Leser ist eingeladen, sich und seine eigene Situation in Menschen aus der Bibel wieder zu erkennen und dabei die bleibende Aktualität dieser alten Erfahrungen zu entdecken.

Maria

Zu den Menschen, die sich in besonderer Weise unter Gottes Wort gestellt haben, die auf Gott gehört haben und die durch ihr Leben eine Antwort darauf zu geben versuchten, gehört sicherlich Maria.

Maria, die einfache Frau aus dem Volk Israel, war den ersten Christen von Anfang an wichtig, weil sie, wie niemand vor oder nach ihr, Gottes Wort in sich so aufnahm, dass es in ihr Gestalt annehmen, Mensch werden konnte. Vieles ist uns von ihrem Leben nicht überliefert, das Wenige aber, was die heilige Schrift berichtet, reicht aus, zu erahnen, welche Kraft in Gottes Wort liegt und wozu es den befähigt, der sich darauf einlässt.

Am Anfang aber steht für Maria eine gewaltige Herausforderung. Gott mutet ihr zu, ihren bisherigen Lebensentwurf aus der Hand zu geben. Nicht Mutter wie viele andere ihrer Zeitgenossinnen damals in Israel sollte sie sein, Gott hatte sie berufen, die Mutter Christi zu werden. Maria erhält damit eine einmalige Aufgabe und zugleich zeigt sie allen Menschen, welche ungeahnten Möglichkeiten dort zum Vorschein kommen, wo jemand Gottes Wort ernst nimmt und sein Leben von ihm bestimmen lässt.

Das geschieht, wenn der Mensch in irgendeiner Form mit Gott in Berührung kommt und ihm aufgeht: Es gibt noch mehr. Ich bin nicht nur ein Kind dieser Welt und meiner Zeit, geprägt und abhängig von meiner Umwelt und meinem eigenen Willen. Ich bin mehr, meine Wurzeln reichen tiefer, sie verbinden mich mit Gott. Gott ist keine Macht unabhängig von unserem Dasein, Gott ist der Grund unserer Wirklichkeit. Er durchzieht sie, gibt ihr Halt; er will mit jedem zu tun haben und in jedem spürbar werden. Auch heute noch ruft er deshalb Menschen an, dass sie ihm wie Maria trauen, dass sie sich trauen, seine Kraft an sich wirken zu lassen.

Nicht selten wird es einem dabei ähnlich gehen wie Maria. Gottes Wort überrascht und es erschreckt. Es klingt einem fremd, nicht weil Gott den Menschen fremd oder gar feindlich gestimmt ist, sondern weil der Mensch sich oft von ihm entfernt, entfremdet hat. Er hat sich abgewandt und versteht Gottes Stimme nicht mehr; er glaubt ihm nicht, dass seine Worte unser Heil sind, dass sie uns aufrichten und befruchten wollen, wie dies damals mit Maria geschehen ist.

Hin und wieder fällt es einem leichter, Gott dies zu glauben. Es kann ein strahlender Sonnentag sein, ein Sonntag mitten unter der Woche, ein gutes Gespräch, eine sogenannte Sternstunde mitten im Alltag, die uns hörfähiger macht. Vielleicht aber sind es häufiger die dunklen Augenblicke, die Stunden des Leidens und der inneren Not, in denen wir uns treffen lassen von Gottes Wort wie von dem ersten Sonnenstrahl nach einem schweren Sommergewitter.

Manchmal lassen sich Menschen durch solche Erfahrungen verändern und sie können dann wie Maria guter Hoffnung einer neuen Zukunft entgegengehen.

Josef

Ein Mann spielt am Beginn der christlichen Geschichte eine große Rolle und doch wissen wir kaum etwas von ihm. Ich meine den heiligen Josef. Am Anfang des Matthäus-Evangeliums ist von ihm die Rede, dann hören wir nichts mehr von ihm. Josef ist der Verlobte Marias, der Mutter Jesu. An sie denken Christen sehr häufig, sie hat einen festen Platz in unserem Glauben und im Leben der Kirche; Josef steht eher im Schatten. Ihm ist keine Hauptrolle in der Heilsgeschichte zugedacht, er bleibt im Hintergrund.

Genau das aber macht ihn sehr sympathisch. Er drängt sich nicht nach vorne, ins Rampenlicht, in die Schlagzeilen. Er erfüllt seine Aufgabe im Stillen. An ihn denkt kaum jemand. Das Matthäus-Evangelium zeichnet den heiligen Josef ganz als einen Hörenden. Er lässt sich anreden, ist ganz Ohr. Der Engel Gottes spricht zu ihm im Schlaf, im Traum. Wir erkennen, was damit germeint ist: Josef ist jemand, der nach innen zu hören vermag, der die Sprache der Seele versteht und der noch ein intuitives Gespür hat für sich und seine Aufgabe.

Mit traumwandlerischer Sicherheit, so würden wir heute vielleicht sagen, folgt er diesem inneren Ruf und lässt sich von Gott in Dienst nehmen. Menschen, die innerlich zerrissen sind, hin- und hergetrieben von ihren Wünschen, Sehnsüchten und Unsicherheiten; Menschen, die ihre Orientierung verloren haben, die nicht mehr aus der Mitte heraus leben und sich im Äußerlichen verzetteln, solche Menschen können den heiligen Josef nur beneiden. Er ruht in sich, oder besser in seinem Gespür für das Richtige, für Gott.

Es ist kein Zufall, wenn uns die heilige Schrift kein einziges Wort dieses Mannes berichtet. Er ist kein Redender, sondern ein Hörender. Daraus entspringt seine Ruhe, seine Sammlung und sein tiefes Vertrauen. Das macht ihn weise.

Hören, Zuhören können ist ein wichtiger Weg zur eigenen Person für jeden. Wer es versteht, sich zu öffnen, Situationen, Erlebnisse, andere Menschen in sich hereinzulassen, sie bei sich aufzunehmen, der hat einen Schlüssel gefunden, der ihm die Türen öffnet zu der geheimnisvollen Tiefe des Daseins. Wer es gelernt hat, aufmerksam durch sein Leben zu gehen, achtsam und behutsam Erfahrungen zu bewahren, der bekommt ein immer besseres Gespür für die Wirklichkeit, für sich selbst und damit zugleich auch für Gott.

Wer sich so unter das Wort Gottes stellt, der kommt wie der heilige Josef und ungezählte Menschen vor und nach ihm in Kontakt mit den Kräften unseres Lebens und erfährt sich getragen auch in seinen schweren Stunden. Nur solche Menschen sind auch in der Lage, anderen Stütze und Halt zu sein, wie der heilige Josef damals für Maria und ihr Kind.

Zachäus (Lk 19,1-10)

In diesem Kapitel denke ich nach über Menschen, die mit dem Wort Gottes in Berührung gekommen sind. Jetzt möchte ich an Zachäus erinnern, von dem wir in der heiligen Schrift lesen. Er ist eine der bekanntesten biblischen Personen. Das kommt sicher nicht von ungefähr. Die Geschichte von der Begegnung zwischen Jesus und ihm steckt voller Gegensätze und ist mit einem hintersinnigen Humor gezeichnet. Zudem trägt dieser Zolleinnehmer so viele vertraute menschliche Züge, dass er einen anspricht. Viele können sich in ihm wiederfinden.

Zunächst erscheint er als eine sehr unsympathische Figur. Ein Betrüger und raffgieriger Schlaumeier, der sein Amt ausnützt, um Vorteile für sich selbst herauszuschlagen. Seine Mitmenschen mochten ihn nicht. Das spürte er und das tat ihm weh, aber er konnte nichts dagegen machen. Wirkliche Freunde kann niemand für Geld kaufen, auch er nicht.

Da hörte er, dass Jesus sich seiner Zollstätte nähert. An sich brauchte ihn das nicht zu kümmern, denn Jesus hatte keine Waren bei sich, an ihm würde er sich nicht bereichern können. Er hätte ihn also achtlos vorbeigehen lassen können wie die vielen anderen aus- und eingehenden Bewohner und Besucher Jerichos auch. Aber diesem Jesus eilte ein merkwürdiger Ruf voraus. Ganz Jericho war deshalb auf den Beinen, um einen Blick auf ihn zu erhaschen, mit ihm vielleicht ein Wort wechseln oder ihm gar die Hand drücken zu können.

Auch Zachäus spürte eine innere Unruhe. Aber wie sollte er es anstellen? Ihn würde man nicht vorlassen, verachtet wie er war. Und zu sehen bekam er ihn auch nicht, denn er war nur klein gewachsen. Da kam ihm eine Idee. Er versteckte sich in einem großen Feigenbaum am Wege. Hier konnte er sehen, selbst aber verborgen bleiben. Niemand würde seine Neugier bemerken.

Als Jesus an dem Baum vorbeigeht, da geschieht das Unerwartete. Er, der große Wanderlehrer, er, zu dem so viele ehrfürchtig aufschauten und auf den Zachäus auf seinem Ast sitzend gerade herabsah, dieser Jesus blickte plötzlich zu ihm auf. Die Wirklichkeit stand Kopf. Sonst sahen immer alle anderen auf ihn, den verachteten Zöllner geringschätzig herab, keiner wollte etwas mit ihm zu tun haben. Dieser Jesus aber, den die Menge verehrte, er sah zu ihm auf und redete ihn sogar an: „Zachäus, heute muss ich bei dir bleiben, Gast sein in deinem Hause“ (vgl. Lk 19,5). Zachäus durchfuhr es wie ein Blitz: Ich, ausgerechnet ich bin gemeint; mich sieht er an.

Jesus meinte es ernst, damals mit Zachäus, heute mit uns. Keiner ist ihm zu klein, niemanden schreibt er ab. Er, der auf alle herabsieht, schaut auf zu jedem Zachäus. Der betrügerische Zolleinnehmer von damals kann seither jeden ermutigen, in seiner Sünde, in seiner Einsamkeit, in seiner Not erfinderisch zu sein, sich von Gott finden zu lassen, auch wenn er sich dazu zunächst einmal auf einem Baum verstecken muss.

Die Sünderin (Lk 7,36-50)

Menschen, die von Gottes Wort getroffen wurden, kommen in diesem Kapitel zu Wort. Dabei denke ich an eine Frau. Ihren Namen überliefert die heilige Schrift nicht, nur ihren Beruf, besser ihr Vergehen: Als Sünderin ist sie in die Evangelien und damit in die Geschichte eingegangen. Eine stadtbekannte, also eine öffentliche Sünderin, eine Dirne; jemand, der von den anständigen Menschen gerne verachtet wird. Man duldet sie, aber sie gehört nicht dazu. Keiner will mit ihr zu tun haben, außer im Dunkeln, im Geheimen, wenn es keiner sieht.
Diese Sünderin war darum auch nicht eingeladen zum Gastmahl des Pharisäers Simon. Er hatte ein Fest gegeben zu Ehren Jesu, des berühmten Wanderlehrers. Er freute sich, mit ihm zusammen zu sein, geistvolle Dispute zu führen und sich vielleicht auch ein wenig mit dem Ruhm dieses Jesus schmücken zu können. Menschen laden ja manchmal andere ein, um sich selber eine Freude zu bereiten.

Zum Gastmahl des Simon waren wichtige Leute gekommen, um Jesus und wohl auch Simon, den Gastgeber zu bewundern. Die Sünderin jedenfalls hatte der Pharisäer nicht eingeladen. Sie passte nicht in sein Haus, Sie kam aber trotzdem, furch die Hintertür.

Plötzlich stand sie da, ging direkt auf Jesus zu und berührte ihn. Sie salbte seine Füße, vergoss Tränen über sie und trocknete sie mit ihren Haaren, so berichtet uns die heilige Schrift. Der Eklat war da. Wie konnte sie es wagen, hier herein zu kommen und zu stören? Noch schlimmer aber war, dass Jesus sie gewähren ließ. Jesus war zwar der Gast, aber er galt als Prophet und so hätte er doch eigentlich wissen müssen, wer ihn da berührte. Jesus aber ließ es geschehen.

Simon wollte nicht unhöflich werden. So schwieg er. Aber er dachte sich seinen Teil. Auch Jesus machte sich Gedanken. Anders als Simon aber ergriff er das Wort und sprach Simon an. Freundschaftlich, aber doch bestimmt: „Simon, ich habe dir etwas zu sagen“ (Lk 7,40).

Was Jesus zu sagen hat, das sind seine Beobachtungen: Die Höflichkeit des Gastgebers ebenso wie auch die überschwängliche Zuneigung der ihm unbekannten Frau. Sie hatte alles gewagt. Sie musste damit rechnen, ergriffen und hinausgeworfen zu werden. Schließlich hatte sie in dieser feinen Gesellschaft ja auch nichts zu suchen. Sie suchte aber trotzdem: Jemanden, der ihre Not und ihre Liebe ernst nahm. Deswegen hatte sie sich an Jesus gewandt.

Sie wurde nicht enttäuscht. Jesus verstand sie. Sie, die ganz unten stand in der gesellschaftlichen Rangordnung, sie, die niemand beachtete, die man mit Geld abspeiste, sie wurde diesmal nicht weggestoßen, wie sie es schon so oft erlebt hatte von den anderen Männern. Jesus sah sie an und nahm sie mit ihrer Liebe an. „Deine Sünden sind dir vergeben“ (Lk 7,48), sprach er zu ihr und er begründete diese Zusage mit ihrem Tun: Sie hat mir so viel Liebe erwiesen.

Liebe, wirkliche Liebe ist niemals vergeblich. Bei Menschen gilt dieser Satz nicht immer. Gott aber versteht die Liebenden, denn er selbst ist die Liebe. Wer auf ihn achtet, sich unter sein Wort stellt, sich zur Liebe befreien lässt von ihm, dessen Verlangen findet ihr Ziel, denn was er sucht, das ist nichts anders als die Antwort auf das Wort der Liebe, das uns geschaffen und ins Leben gerufen hat. Sünder verstehen dies vielleicht besser als die sogenannten Gerechten, denn Sünder wissen um ihre Not und sie wissen auch darum, dass die Vergebung die Antwort des Geliebten ist.

Bartimäus (Mk10,46-52)

Auch Bartimäus war einer, der es mit dem Wort Gottes, mit Jesus von Nazareth zu tun bekam. Bartimäus, der blinde Bettler von Jericho, war ein Außenseiter und saß die meiste Zeit am Rand einer belebten Straße. Er hatte nichts. Seine Krankheit machte ihn zum Invaliden, angewiesen auf das Mitleid derer, die an seinem Elend vorbeigingen. Die Begegnung mit Jesus veränderte mit einem Mal sein Leben. Was sich auf den ersten Blick wie ein Märchen liest, das lässt bei genauerem Hinsehen überraschende und äußerst aktuelle Züge erkennen.

Zunächst einmal erscheint mir an dieser Begegnung zwischen Jesus und dem Blinden das Verhalten des Bettlers wichtig. Mehrmals betont die Erzählung, wie der Blinde schreit Die Menschen um ihn suchen ihn zu beschwichtigen.

Sie befehlen ihm, still zu sein. Bartimäus aber lässt sich nicht mundtot machen. Er schreit seine Not in die Welt.

Selten sind Menschen so hartnäckig. Meist geben sie auf, wollen nicht auffallen, passen sich an, auch wenn ihr Leiden dadurch noch größer wird. Bartimäus kann uns ermutigen, zu unseren Bedürfnissen zu stehen, uns nicht einfach unterzuordnen und still zu sein, sondern das auszusprechen, was uns bedrückt, auch wenn anderen dies nicht passt.

Leidende Menschen sind immer unbequem. Darauf haben sie ein Recht und wenn sie andere dadurch stören, dann ist dies ein Signal, das aufhorchen lässt. Jesus ging damals nicht vorüber. Er blieb stehen und rief den Blinden zu sich. Dies ist heute nicht anders. Nur wer seine Not laut und deutlich genug äußert, kann auf Hilfe hoffen. Sicher, nicht jedes Rufen kann beantwortet werden und schon gar nicht kann jeder Schreihals Erhörung erwarten. Für jeden wirklich Leidenden aber ist es der erste Schritt zu seiner Heilung, wenn er auszusprechen wagt, was ihn quält.

Der zweite bedeutende Zug an dieser Geschichte ist Jesu Schlussbemerkung: „Dein Glaube hat dich geheilt“ (Mk 10,52). Nicht Jesus, der große Wundertäter ist die Ursache der Heilung, sie liegt vielmehr im Glauben, im Vertrauen, in der Hoffnung des Kranken selbst. Damit bestätigt Jesus eine Erfahrung, die wir alle kennen. Solange ein Mensch die Hoffnung nicht aufgibt, solange er vertraut, solange ist er nicht verloren. Der Glaube ist eine heilende Kraft, auch heute noch. Entscheidend ist freilich, woran jemand glaubt.

Bartimäus wusste, dass er sich nicht allein helfen konnte. Er baute ganz auf den, von dem er gehört hatte. Jesu Wort war nötig zu seiner Heilung. Jesu Wort, das Wort eines Menschen, aus dem Gott sprach! Seit Jesus von

Nazaret gibt es diese menschlichen Worte, in denen Gott selber vernehmbar wird, denn seit Jesus von Nazaret trägt Gott ein menschliches Antlitz. Er kommt uns nahe in unseren Mitmenschen und er will auch durch uns in dieser Welt zu Wort kommen.

Petrus

In diesem Kapitel geht es um Menschen, die sich vom Wort Gottes anrühren ließen. Zu Ihnen gehört auch Petrus. Er hat sich damals von Jesus rufen, herausrufen lassen aus seinem vertrauten Dasein als Fischer am See Genesaret. Petrus hat sich eingelassen auf Jesu Wort, er ist ihm gefolgt und dabei zu einem der bekanntesten Apostel geworden.

Das war für ihn nicht einfach. Die Evangelien schildern ihn als einen Hitzkopf, zwar schnell begeisterungsfähig, Feuer und Flamme, aber dabei gleichzeitig oft ebenso schnell auch furchtsam und kleingläubig. Ein Choleriker, dem schnell die Luft ausgeht und der an seinem eigenen Temperament nicht nur einmal zerbricht.

Die Evangelien wissen denn auch nicht nur Gutes von ihm zu berichten. Einmal wird er von Jesus gar als „Satan“ beschimpft (vgl. Mk 8,23) und seit dem Karfreitag weiß die ganze Welt, dass Petrus seinen Herrn in seiner schwersten Stunde sogar verraten hat.

Jesus aber wollte trotzdem mit ihm zu tun haben. Er machte ihn zum Menschenfischer, zum Apostel, zur tragenden Kraft seiner Kirche. Dabei hätte es für diese Aufgabe sicherlich bei weitem würdigere Menschen gegeben. Aber das ist Jesus offenbar nicht so wichtig. Er schaut nicht auf unsere

Qualitäten und Fähigkeiten allein, er sieht dem Menschen seinen inneren Wert an und dieses „Ansehen“ erst macht wertvoll.

Im Grunde ist das eine ganz alltägliche und urmenschliche Erfahrung. Menschen sind nicht nur gut oder schlecht, sie werden häufig dazu durch ihre Umgebung. Als mir einmal eine Axt fehlte, erzählt ein Dichter, da verdächtigte ich meinen Nachbarn, sie weggenommen zu haben. Ich beobachtete ihn und merkte, dass er tatsächlich wie ein Dieb aussah, wie ein Dieb ging und wie ein Dieb redete. Ein paar Tage später fand ich meine Axt hinter einem Holzstoß, wohin sie gefallen war. Als ich meinen Nachbarn kurz darauf auf der Straße vorbeigehen sah, da wirkte er auf mich gar nicht mehr wie ein Dieb. Er war wieder ein normaler Mitmensch geworden.

Menschen stempeln einander oft sehr rasch ab aufgrund von Äußerlichkeiten, einer ungewöhnlichen Kleidung, eines fremden Verhaltens. Weil jemand den eigenen Vorstellungen nicht entspricht, darum ist er unter Umständen schnell bei anderen abgeschrieben. Es gibt auch die gegenteilige Erfahrung. Weil jemand gut aussieht, sich wohl zu benehmen weiß und korrekt gekleidet ist, darum schätzt ihn seine Umgebung und geht ihm möglicherweise auch prompt auf den Leim.

Jesus sieht tiefer. Er weiß, wie es wirklich um einen steht und er erkennt auch den Wert an, der vielleicht ganz tief verschüttet ist in ihm. Sein Wort wendet sich an diesen guten Kern, erweckt ihn zum Leben, lässt ihn wachsen auch inmitten von noch so viel Unkraut und Schutt darum herum.

Wer Jesu Wort hört, sich auf ihn einlässt, der kommt zum Blühen wie Petrus und die vielen anderen, die sich seither von Jesu Wort zum Leben rufen ließen.

Simon von Cyrene

Über Menschen unter dem Wort Gottes denke ich mit Ihnen nach. Es geht mir dabei um Menschen, von denen wir wissen, dass sie in ihrem Leben mit Gott in Berührung kamen, sich von ihm verändern ließen und ihr Leben dadurch in einer neuen Weise verstehen lernten.

So eine Anrede Gottes muss nicht immer wortwörtlich geschehen, sie kann sich auch in bestimmten Erfahrungen oder inmitten des Alltagsgeschehens ereignen. So war es auch mit Simon von Cyrene, dem Helfer auf Jesu Kreuzweg. Er kam, wie die heilige Schrift erzählt, gerade vom Feld zurück. Er hatte seinen Acker bestellt und wollte nach Hause. Dabei geriet er in den Zug mit dem verurteilten Jesus. Wir wissen nicht, ob er sich für Jesu Schicksal vorher schon interessiert hatte oder ob ihm dies gleichgültig war, er Jesus also für einen ganz gewöhnlichen Verbrecher halten musste. Auf jeden Fall zwangen ihn die römischen Soldaten, an Jesu Stelle das Kreuz nach Golgota hinaufzutragen. Jesus selber war bereits zu schwach dazu, er konnte mit seiner Last nicht mehr weiter.

Da wird Simon eingespannt, ein unbekannter Fremder, ein am Wege stehender Unbeteiligter. Man lädt ihm Jesu Kreuz auf. Er kann sich nicht wehren. Plötzlich kommt ein Mensch mit Gott in Berührung. Jesu Kreuz wird sein eigenes. Ich sehe hier ein Symbol für das Leben vieler Menschen. Es geschieht ja immer wieder, dass einem unvermutet ein fremdes Kreuz aufgebürdet wird. Die Nachricht von der Krankheit des Ehepartners verändert mit einem Mal das gewohnte Familienleben ebenso, wie wenn sich eines Tages herausstellt, dass ein Familienmitglied auf die schiefe Bahn geraten ist; ich denke hier auch an Unglücks- oder Todesfälle und ich denke an Stunden der Einsamkeit, des Zweifels und der Angst, in denen wir spüren, was es heißt, ein Kreuz auf die Schulter gelegt zu bekommen; ein Kreuz, an dem man selber keine Schuld hat und dessen Ursache einem oft verborgen bleibt.

Seit Jesu Kreuzweg haben alle Kreuzwege dieser Welt etwas mit Jesus und seinem Wort zu tun, unser aller Leid bündelt sich in Jesu Kreuz, In ihm hat er auch unsere Kreuze auf sich genommen und uns vorangetragen, damit wir mit unserer Last ihm leichter nachfolgen können. Wer sich unter sein Wort stellt, der steht in seiner Nachfolge, der ist mit seinem Leben nicht allein, der darf sich getragen wissen, der darf sein Kreuz mitgetragen wissen von dem, dessen Kreuzweg uns alle erlöst hat.

Simon von Cyrene, der Mitmensch auf Jesu letztem Weg, erweist sich so als erster Jünger, als erster, der Jesu Kreuz trug. Was er für Jesu Todesweg bedeutete, das ist seither Jesus selbst für alle unsere Wege. Keiner, der sich ihm anvertraut, schleppt seit Golgatha sein Kreuz allein; er darf es mit anderen teilen und wir alle übernehmen für einander jene Rolle, die Simon von Cyrene damals für Jesus aufgenötigt wurde.

Er konnte sich nicht wehren und wir können es heute meist ebenso wenig, Es trifft einen, wie man gerne sagt. Der Getroffene kann nicht ausweichen, bestenfalls kann er noch nach Hilfe Ausschau halten. Wir aber, die wir am Wege stehen, können diesen Blick auffangen, den Blick des unschuldig verurteilten Jesus, und wir können zupacken. Kein Kreuz ist so schwer, dass es nicht von Vielen getragen werden kann. Jeder Kreuzträger aber braucht Hände anderer, die ihm helfen und in denen er die Nähe Gottes erahnen kann.

Der Hauptmann unter dem Kreuz (Mk 15,39)

In diesem Kapitel erinnere ich an Menschen, die ihr Leben unter das Wort Gottes gestellt haben. Einer, der dies sicherlich nicht freiwillig tat, sich aber plötzlich buchstäblich unter Gottes Wort gestellt sah, war der römische Hauptmann unter dem Kreuz. Sein harter Beruf führte ihn wohl ziemlich oft an diese furchtbare Stelle. Er hatte die Hinrichtungen von Verbrechern zu überwachen und musste viele Stunden in unfreiwilliger Gemeinschaft mit diesen Ärmsten der Armen verbringen.

Normalerweise stumpft einen der Beruf ab. Auch der römische Hauptmann hatte bestimmt schon zu viele Schmerzen mitansehen müssen, um sich noch besonders von so einem Ereignis betreffen zu lassen. Aber völlig gefühllos kann er nicht gewesen sein, denn bei der Kreuzigung Jesu, so überliefert der Evangelist Markus, da wurde ihm als Einzigem bewusst, was hier geschah: „Wahrhaftig, dieser Mensch war Gottes Sohn“ (Mk 15,39).

Blitzartig fährt ihm dies im Blick auf den am Kreuz sterbenden Jesus ins Herz. Keinem der Umstehenden, keinem der gläubigen Juden und auch keinem der wenigen noch verbliebenen Anhänger Jesu kommt so ein Bekenntnis über die Lippen. Einzig der heidnische Hauptmann erkennt, was hier geschieht und er schweigt nicht dazu.

Wir wissen nicht, was weiter aus diesem Hauptmann geworden ist, ob er gemaßregelt oder gar von seinem Posten abgelöst wurde. Die Legende jedenfalls sieht ihn wenig später inmitten der urchristlichen Gemeinde als Glaubenden, Wichtiger aber erscheint mir etwas anderes.

Der fremde, namenlose römische Soldat unter dem Kreuz Christi steht für viele Menschen unter eigenen oder fremden Kreuzen. Menschen, die wie dieser Römer von Gott mitten in ihrem Alltag überrascht werden und sich treffen lassen. Gemeinsam ist diesen allen, dass sie wachen Sinnes und mit einem offenen Herzen im Leben stehen. Solche Menschen sind nicht gefühllos und unempfindlich geworden, sie nehmen bewusst Anteil an ihrer Umgebung und sind darum fähig, auch jene Zwischentöne zu vernehmen, die allen Dingen, Erfahrungen und Menschen erst ihre Farbe geben.

Auch Gottes Wort drängt sich selten lautstark auf. Es kann darum leicht übersehen und überhört werden. Es zwingt niemanden, bleibt aber unser aller Chance. Es ist darum gut, wenn der Mensch immer wieder seine Sinne schärft und bewusster zu leben versucht, Es ist gut, wenn der Mensch aufmerksam wird, in seinem Tagesablauf von Zeit zu Zeit innehält und sich fragt: Was bedeutet dieses Erlebnis? Warum höre ich gerade jetzt eine bestimmte Nachricht? Was will mir Gott durch eine Erfahrung, eine Begegnung, ein Geschenk oder auch eine Enttäuschung sagen Jeder Mensch lebt unter dem Wort Gottes. Es zu hören und zu verstehen, darin liegt seine Würde und seine göttliche Berufung.

Thomas (Joh 20,19-29)

Jetzt möchte ich an jemanden denken, der nach Ostern, nach dem Karfreitag und der Auferstehung Jesu ganz unter das Wort Gottes gestellt ist. Ich meine Thomas. Er ist uns sprichwörtlich bekannt als „Zweifler“, denn er konnte dem Wort seiner Freunde nicht glauben, dass Jesus auferstanden sei. „Wenn ich nicht meinen Finger in seine Nagelwunden lege, dann glaube ich nicht“ (Joh 20,25). Thomas traut dem nicht, was die anderen Apostel sagen; er traut sich nicht, an das völlig Unwahrscheinliche zu glauben.

Ich kann Thomas sehr gut verstehen und ich meine sogar, dass seine Skepsis, sein Nachbohren, sein Wunsch, den Worten anderer auf den Grund zu gehen, vielen auch unserer Zeit ganz gut täte. Nicht das sind die besten Gläubigen, die sang- und klanglos einfach alles sofort übernehmen, was ihnen von mehr oder weniger zuverlässigen Autoritäten vorgesetzt wird.

Noch mehr aber gefällt mir an Thomas, dass er in seinem Zweifel nun nicht dem Apostelkreis den Rücken kehrt und sich ein neues Glück anderswo sucht. „Acht Tage darauf" (Joh 20,26) heißt es im Johannes-Evangelium, am darauffolgenden Sonntag also, ist Thomas wieder mit den Jüngern zusammen. Trotz seiner Fragen, seiner Ungewissheit findet er sich zum gemeinsamen Treffpunkt ein. Er geht am Sonntag in die Kirche, so müssten wir das für unsere Zeit übersetzen. Innerlich hat er sich also nicht abgewandt vom Kreis seiner Freunde, vom Kreis der Freunde Jesu. Vielleicht spürt er, dass er die Wahrheit nur dort, bei ihnen, zusammen mit anderen Glaubenden finden kann.

Glauben heißt immer auch Zweifeln und Suchen. Thomas zeigt allen, denen es ähnlich geht wie ihm, wo sie suchen sollen. Nicht irgendwo, sondern dort, wo Menschen sind, denen schon etwas mehr aufgegangen ist, bei der Gemeinde der Glaubenden also. Die aber muss offen sein, auch für jene Platz und Heimat bieten, denen ihr Glaubensbekenntnis nicht so leicht über die Lippen geht und die ihre Vorbehalte auch äußern. Es wäre schön, wenn alle unsere Gemeinden dies zuließen und auch Zweifler, Fragende und unbequeme Kritiker in ihren Reihen duldeten, alle jene also, die noch nicht oder nicht mehr glauben können.

Die Kirche ist nicht die Gemeinschaft derer, die schon am Ziel sind, und Kirche, das sind auch nicht jene, die ihre Fragen und Zweifel einfach an der

Kirchentür ablegen. Das ist nicht möglich. Wir alle bringen immer uns selber mit: was uns an Gott, an der Kirche freut und ebenso auch das, was uns ärgert, uns Schwierigkeiten macht. All das darf sein, bei uns und bei anderen. Niemand braucht sich dessen zu schämen oder darf andere deswegen verurteilen.

Die Jüngergemeinde damals hat Thomas jedenfalls nicht ausgeschlossen aus ihrer Mitte. Ohne zu fragen oder zu kritisieren ließ sie ihn ein. Thomas gehörte dazu, auch wenn er sein Glaubensbekenntnis nicht sofort ablegen konnte. Später war es ihm dann möglich. Er konnte vor dem Auferstandenen auf seine Knie fallen und stammeln: „Mein Herr und mein Gott“ (Joh 20,28), weil er ihn erfahren durfte in diesem Kreis von Menschen, nicht außerhalb.

Nicht immer werden wir die Kraft der Apostel haben, die den Thomas stützten; manchmal wird es uns eher wie dem Thomas gehen und dann ist es gut, wenn wir uns wie er mit unseren Problemen anderen anvertrauen können und mit ihrer Hilfe vielleicht auch zu jenem Glaubensbekenntnis kommen, das den Thomas von Damals zum Vorbild macht für alle Zeiten.

Jedermann

Über Menschen unter dem Wort Gottes denke ich in diesem Kapitel nach. Es geht mir dabei um einzelne Menschen, die mit Gott in irgendeiner Weise in ihrem Leben zu tun bekamen und dadurch etwas Neues entdeckten, so etwas wie den Schatz im Acker, von dem Jesus einmal im Gleichnis spricht (vgl, Mt 13,44).

Bei all den verschiedenen Einzelpersonen denke ich im Grunde aber an alle

Menschen. Was einer bestimmten Person, einem Paulus oder einer Maria von Magdala, einem Franz von Assisi oder einer Elisabeth von Thüringen etwa widerfuhr, das gilt von jedem und für jeden Christen. Bei den sogenannten Großen unserer Heilsgeschichte können wir dies nur viel deutlicher sehen, weil sie um vieles klarer und konsequenter auf Gottes Wort hörten und ihm bereitwilliger antworteten als wir Durchschnitts-Christen.

Gott spricht aber auch zu uns, Er will mit jedem Menschen sein. Dies hat in der Taufe begonnen. Damals rief uns Gott in die Gemeinschaft mit ihm und unsere Eltern stellten uns unter sein Wort, indem sie uns taufen ließen. Viele vergessen dies im Laufe ihres Heranwachsens und als Erwachsene denken sie überhaupt nicht mehr daran. Sie leben gleichsam ohne ihre bessere Hälfte, ohne ihre Wurzeln, ohne ihre Verwurzelung in Gott.

Gott aber bleibt treu. Er verliert uns nicht aus den Augen, auch wenn wir uns noch so gut tarnen. Wir bleiben unter seinem Wort geborgen, selbst wenn wir unter noch so vielen anderen Dächern Zuflucht suchen. Hierin liegt unsere Hoffnung, denn nur Gottes Wort ruft ins Leben, nur er kann retten und heilen. Wichtig ist freilich, dass wir sein Wort zu hören, beziehungsweise wieder neu zu hören wagen, es heraushören aus den vielen unheilvollen Worten, die täglich an unser Ohr dringen. Dazu helfen einem manchmal besondere Anlässe; die Feste des Kirchenjahres etwa oder auch ganz persönliche Feiertage.

Gelegentlich bringen einen dichte Erlebnisse zum Nachdenken, zum Hinhören. Hin und wieder suchen Menschen auch ganz bewusst die Stille auf, um so, befreit vom Tageslärm, hellhöriger zu werden und jenes Wort wieder zu hören, das uns in unzähligen Variationen zusagt: Du bist mir wichtig, Ich habe dich gerufen, mein bist du (vgl, Jes 43,1).

Weil wir Gott gehören, ihm angehören, darum ist niemand allein, nur auf sich selbst gestellt, verlassen. Weil wir zu Gott gehören, werden wir von ihm angeredet und dürfen auf ihn hören. Gott spricht nicht nur zu den Großen des Glaubens, er will mit jedem, auch mit den Kleinen, den Schwachen und Unbedeutenden, den Normalchristen sozusagen ins Gespräch kommen. Es liegt einzig an unseren Ohren oder besser an unseren Herzen, ob wir sein Wort für uns hören und der Dialog gelingt.

Printed by Books on Demand GmbH, Norderstedt / Germany